数字经济高素质人才培养教材
职业教育"1+X"课程创新教材
案例实训一体化教材

网店美工实务

主　编　朱海燕　曹　前
副主编　陈俊鹏　楼凤珍

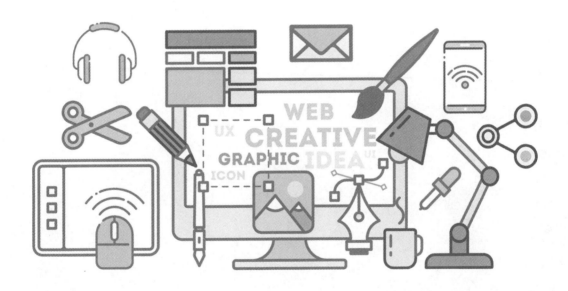

ZHEJIANG UNIVERSITY PRESS
浙江大学出版社

国家一级出版社
全国百佳图书出版单位

前　言

在这个购物方式多元化的时代，视觉是引起关注、提升好感、促进成交的一大法宝。网店本身就是虚拟的店铺，以视觉冲击来吸引客户购买商品是最主要的手段。本书结合案例分析，对视觉设计与营销之间的关系进行探讨，并讲解怎样的店铺设计才是符合视觉营销理念的设计，什么样的视觉设计才能为店铺带来收益。

本书编写的主要目的是帮助读者掌握网店的视觉营销知识，提高综合设计素质，学习如何把创意主题鲜明、直观、准确地表达出来。全书共分5章，第1章介绍了店铺的店标、主图和直通车图等常见图片的营销设计；第2章讲解了PC端首页的视觉营销设计，对首页中的店招、导航栏、海报、商品陈列区、页尾等模块进行案例分析，并总结出设计的要点；第3章讲解了PC端详情页的设计；第4章讲解了手机首页及详情页的设计规范，以跟上淘宝的移动化趋势；第5章讲解了创意形成及管理。

采用理论指导和大量正反面案例对比分析的方式，让读者能够学以致用、举一反三，加深对网店视觉营销设计的理解和掌握。

本书不仅适合作为职业院校电子商务相关专业、各培训机构的教材，还可作为淘宝卖家、网店美工自学参考用书，也适合电商运营、策划人员阅读。

本书为义乌市城镇职业技术学校与义乌工商职业技术学院中高职课程衔接探索成果，是浙江省质量提升工程——电商优势特色专业建设系列成果、浙江省电子商务学科基地校建设系列成果之一。主编是朱海燕（义乌市城镇职业技术学校）、曹前（义乌工商职业技术学院），副主编是陈俊鹏（义乌工商职业技术学院）、楼凤珍（义乌市城镇职业技术学校），编委有义乌市城镇职业技术学校的金俊标、方凯、骆心平、刘扬青、赵菲菲、毛晶晶、韩丽英、陈志庆、楼晨燕、季莉莉、鲍江良、叶秀进、甄静波、龚康波、赵也。本书在编写过程中得到了浙江省特级教师、义乌市城镇职业技术学校成佳梁老师的悉心指导，成老师也参与了统稿工作并给予了宝贵的建设性意见，同时得到了两所学校领导的大力支持，在此一并表示衷心的感谢。为了体现真实性，便于阅读，提高教学效果，书中部分图片来自真实网络购物平台，在此向这些图片的创作者表示衷心的感谢。

本书部分实训项目附实训素材、源文件及操作指导等数字化资源，读者扫描二维码即可获得资源网址，把这些网址转发到微信文件传输助手，然后复制到电脑的浏览器中即可打开、使用。

电子商务发展非常迅速，平台规则不断更新，本书内容所遵循的规则以定稿时为准。由于编者学识有限，书中难免存在疏漏和不妥之处，恳请广大读者批评指正。

编　者

2020年11月

目 录

第1章 店铺图片营销设计

一个淘宝店铺从装修到开张，再到运营需要设计很多相关的图片，如店标、主图和直通车图等，这些图片都是视觉营销的一部分。如何充分利用这些店铺图片是本章介绍的内容。

学习目标

1. 了解店铺图片营销的种类；
2. 熟练掌握店标设计；
3. 熟练掌握主图设计；
4. 熟悉直通车图的设计要点；
5. 掌握直通车图的设计规范。

引导案例

王同学今年正式入职成功饰品公司美工岗位。成功饰品公司准备开启在淘宝店的线上销售。

淘宝店的开张需要前期做一些规范设计，当务之急是先确定店标，树立店铺的风格和文化特色。宝贝主图和直通车图是做淘宝优化的重要因素，因为宝贝在淘宝搜索中是以图片的形式展示给顾客看的，宝贝给客户的第一印象直接影响客户的点击率，间接影响商品的曝光率，从而影响整个商品的销量。所以说，下一步是给主图和直通车图定下设计规范，达到店铺整体风格的统一和稳定。

1.1 店标设计

淘宝店铺标志可简称店标。一个网店的店标作为一个店铺的形象参考，给人的感觉是最直观的。店标代表着店铺的风格、店主的品位、主营类目的特性等，体现店铺品牌文化与特色的同时也可起到宣传作用。

当用户利用PC端淘宝网站搜索店铺名时，显示搜索结果有店标、店铺名称、主营等信息，如图1-1所示。

销量163681　共2357件宝贝

图 1-1　PC 端店标展示

当用户使用手机淘宝APP搜索店铺名时，显示搜索结果有店标、店铺名称、主图等信息，如图1-2所示。

图 1-2　移动端店标展示

1.1.1　店标案例分析

店标设计应合理搭配颜色，配合字体，清楚体现行业特点，反映目标群体需求。下面分析成功与失败的案例，帮助大家总结店标的设计方向。

1.1.1.1　成功案例分析

茵曼旗舰店的店标有两版，如图1-3所示，图（a）文字做了圆润、拖尾的处理，体现出女性的柔美。图（b）右上角棉花图案体现店铺主张原创都市自然风，素雅而不失简洁，富有个性而不张扬。

(a)

(b)

图 1-3 女性相关行业店标展示

Jack&Jones官方旗舰店店标如图1-4所示，以黑色为主色，黑、红结合，字体棱角分明，体现了该目标群体阳刚、力量等特点。

JACK JONES **JackJones官方旗舰店** 天猫
销量105724 共1300件宝贝

图 1-4 男性相关行业店标展示

乐鲜果园店标如图1-5所示，该店标与店铺主营商品相呼应，使店标更有辨识度，从而加深顾客印象。

 乐鲜果园 👑👑👑👑👑
销量10701 共79件宝贝

图 1-5 水果相关行业店标展示

1.1.1.2 失败案例分析

有些店铺的店标毫无意义，如图1-6所示，图（a）用文字，图（b）用图案，这些图片缺乏个性，无法让人记住。

(a)   (b)

图 1-6 无意义型店标示例

有些店铺的店标完全没有起到店铺标识的作用，如图1-7所示，图（a）中的苹果店标与店铺所售日用品无任何联系，图（b）中的玩偶店标与所售数码商品无任何联系，如此店标设置易误导消费者。

(a)   (b)

图1-7　误导型店标示例

1.1.2　店标设计形式及要点

1.1.2.1　店标设计形式

店标作为一个店铺的形象标识，给人的感觉是最直观的。店标既代表着店铺的风格、店主的品位、商品的特性，还起到宣传的作用。一个个性鲜明的店标会增添顾客的点击率。

店标根据其内容可分为三种：纯文字店标、纯图案店标、图文组合店标。

（1）纯文字店标。纯文字店标由文字和拼音字母等元素构成，适用于多种传播方式，在品牌店铺中应用很广泛，如图1-8所示。

图1-8　纯文字店标

（2）纯图案店标。顾名思义，纯图案店标就是仅用图形构成标志。这类店标色彩明快，比较形象生动，且不受语言限制，非常易于识别。但图案标志没有名称，因此表意上不如文字标志准确，如图1-9所示。

图1-9　纯图案店标

（3）图文组合店标。图文组合店标是指由文字和图案组合而成的标志。这类店标结合了文字及图案标志的特点，图文并茂，形象生动，易于识别，如图1-10所示。

图 1-10　图文组合店标

1.1.2.2　店标设计要点

（1）与店铺名相关。通常，在制作店标前我们已确定好店铺名称，这样可以结合店铺名称制作店标，取店铺名称的两个或三个字。如图1-11所示店铺名绿联数码旗舰店取"绿联"两字作为店标的主体，既清晰又易识记。

图 1-11　店铺名相关的店标设计

（2）与品牌相关。根据商品品牌制作店标是非常简单的，此类店标能突出店铺主营商品，吸引消费者购买。但要注意的是商品品牌图标有限，很容易出现你制作使用的店标与其他店铺店标类似的情况，如图1-12所示。因此，在制作品牌相关的店标时注意要与其他同品牌店铺区分，不要出现多家店铺使用同一品牌店标的情况。

（3）与商品相关。根据店铺的主营商品制作店标，让消费者清晰了解店铺定位。如图1-13所示的店标，可以看出店铺主要销售商品为玩具。

（4）与信誉相关。朵朵云五金冠母婴店将店铺的信誉融入店标，如图1-14所示，此类店标既可以显示店铺的级别，还可以让消费者快速建立信任感。

公牛亮牛专卖店 天猫TMALL.COM

卖家: 公牛亮牛专卖店 浙江 杭州

主营: 插座 公牛 开关 面板 型 电源 墙壁 86 家用 …

销量153679 共245件宝贝

公牛花园北专卖店 天猫TMALL.COM

卖家: 公牛花园北专卖店 北京

主营: 公牛 插座 公牛开关插座 开关插座 接线板 …

销量42155 共515件宝贝

图 1-12 与品牌相关的店标设计

玉凤玩具厂

卖家: 宝宝毛绒玩具01

主营: 玩具 毛绒 公仔 玩偶 礼物 可爱 女生 抱枕 …

淘金币可抵2%

销量26745 共16件宝贝

图 1-13 与商品相关的店标设计

朵朵云五金冠母婴店

卖家: 朵朵云 上海

主营: 宝宝 婴儿 儿童 玩具 - 新生儿 贝亲 片 云儿…

销量60868 共1532件宝贝

好评率: 99.50%

图 1-14 与信誉相关的店标设计

1.1.3　店标设计规范

在了解了店标设计形式及要点后，还需要熟悉平台对店标的设计规范要求，因为不符合规范要求的店标将受到相应的处罚。在淘宝平台中店铺对店标图片的设计规范见表1–1。

表 1–1　店标设计规范

主题	店标设计规范
尺寸	80像素×80像素或100像素×100像素，大小80KB以内。
格式	上传的图片文件格式要求为GIF、JPG、JPEG、PNG。
操作步骤	登录"我的淘宝"→"我是卖家"→"管理我的店铺"→"店铺装修"→"基本设置"修改店标图片。

现将淘宝店标页面设置规范归纳如下：

（1）未经淘宝许可，店标页面禁止使用含有"淘宝网特许""淘宝授权"等含义的字词。

（2）店标页面禁止使用淘宝网或其他网站信用评价的文字和图标。

（3）未经许可，严禁使用"淘宝网"专用文字和图形作为店铺宣传文字和图形。

（4）店标页面中禁止使用带有种族歧视、仇恨、性和淫秽信息的语言。

（5）店标不得使用下列文字、图形：与中华人民共和国的国家名称、国旗、国徽、军旗、勋章相同或者近似的；与外国的国家名称、国旗、国徽、军旗相同或者近似的；与国际组织的旗帜、徽记、名称相同或者近似的；与"红十字""红新月"等组织或机构的标志、名称相同或者近似的；与第三方标志相同或者近似的，如中国邮政、中国移动等；带有民族歧视性的；夸大宣传并带有欺骗性的；有害于社会主义道德风尚或者有其他不良影响的；如用户或店铺不具有相关资质或未参加淘宝相关活动，不允许使用与特定资质或活动相关的词汇，如淘宝商城、消费者保障计划、先行赔付等；县级以上行政区划的地名或者公众知晓的外国地名，不得作为店标（地名具有其他含义的除外，已经注册的使用地名的店标继续有效）。

1.1.4　店标设计实训

任务描述：现有××电子商务有限公司新开主营饰品的淘宝店铺，店铺名称为"成功饰品"，请设计制作店标。

要求：与店铺名相关，设计制作个性、易识记并符合淘宝平台店标规范的店标。

设计步骤示例如下：

（1）打开Photoshop软件，新建尺寸为100像素×100像素的画布，如图1-15所示。

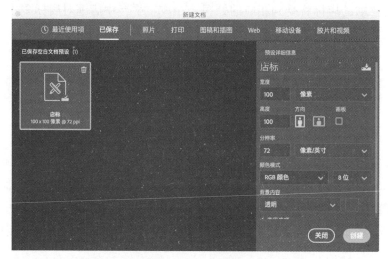

图1-15　新建画布

（2）在新建的文档中输入店标所需文字并设置字体、字号、颜色等，如图1-16所示。

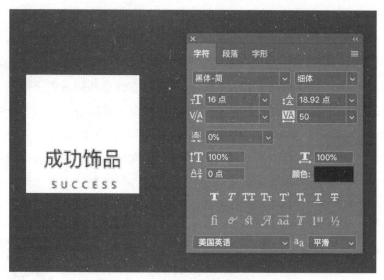

图1-16　添加文字元素

（3）设计与店铺相关图形，如图1-17所示，选取与饰品相关的钻石型图案，并将图形放置于合适位置。

图 1-17　添加图形元素

（4）保存图片，选择"文件"→"存储为"，保存图像格式为JPEG，并调整图像清晰度，如图1-18所示，满足文件小于80KB的要求即可。

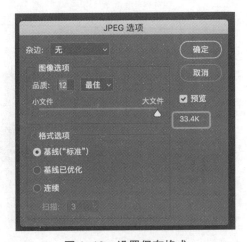

图 1-18　设置保存格式

 相关资源

字体资源：求字体网（http://www.qiuziti.com），请特别注意字体是否可以商用。

图标资源：阿里巴巴矢量图标库（http://www.iconfont.cn/），请特别注意图标是否可以商用。

课后作业

根据店标设计形式及要点，为"成功饰品"店铺设计三套店标，以图片形式上交作品。

针对不同的消费群体，店标设计有哪些区别？

1.2 商品主图设计

商品主图是对所销售商品的一种最直接的视觉展示方式，是最重要的信息承载和传达媒介。从消费路径上看，当消费者使用淘宝平台搜索商品时，搜索结果显示的是搜索相关的商品主图及标示价格等（图1-19）。我们发现，主图占比最大，消费者先是看到了心仪的商品，这时才会去关注商品的价格、购买人数、商品品牌等附属信息。主图是引流的重要载体，很大程度上影响消费者的购买欲望。

图 1-19 客户端搜索结果

淘宝是相信"一见钟情"的，商品主图就是留给消费者的第一印象。主图的主要功能有吸引消费者、激发兴趣、促成购买，如图1-20所示。醒目美观的主图能突显商品，吸引消费者；富有个性的主图能提高店铺的辨识度，突出宝贝卖点；促销信息丰富的主图则能有效激发消费者兴趣。为了增加流量、提升转化率，很多卖家都在不断地优化着主图。

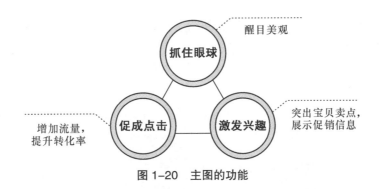

图 1-20　主图的功能

1.2.1　主图案例分析

主图虽然只是小小的商品图，但它的设计也要实现营销功能最大化。我们在设计主图时应挑选合适的素材，进行合理的构图。下面从主图设计的五个方面举例，帮助大家进行对比分析。

1.2.1.1　清晰整洁

在主图的素材选择中，要遵循清晰整洁这一首要条件。模糊脏乱的图片不仅影响顾客的视觉体验，还影响了商品的价值体现。如图1-21所示，左图与右图相比，左图背景杂乱无章，导致让人觉得商品低廉。

图 1-21　清晰整洁方面的对比

1.2.1.2　曝光正确

正确曝光的图片是指在光线合适、没有逆光的情况下拍摄的图片，这样图片的色彩比较符合实际颜色。若采用曝光不足或曝光过度的照片作为主图素材，则会造成商

11

品图与实物颜色相差较大，易引发售后纠纷等问题。如图1-22所示两张主图的曝光都不正确，我们无法辨认出商品的实际颜色，左图无法分辨是黑色还是藏青色，右图无法分辨是白色还是米色。

图 1-22　曝光不正确的主图示例

1.2.1.3　合理构图

对于小件商品，合理构图后的主图能使画面更丰富。构图方式有多种，如直线式、对角式、辐射式等，具体应用见表1-2。

表 1-2　不同构图方式主图示例

	直线式构图：将商品的不同颜色、款式、大小通过并列展示给消费者来增加商品属性体现。
	辐射式构图：将商品呈发散排列，增强画面的张力，视觉冲击力强。
	对角线构图：能体现商品的立体感和动感，使商品呈现不再单调。

（续表）

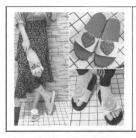	框架式构图：可以将商品的多种属性分别框出，但是要注意和谐统一，不恰当地运用会给人廉价的感觉。

1.2.1.4　场景化设计

对于很多商品来说，单纯展示商品会显得单调。如服装，平铺图往往不如模特实拍图效果好（图1-23）。消费者只有看到了模特的穿戴，才会联想到自己的穿着效果，并且根据自己的体型、风格来判断是否合适。当然，选择场景时不能过于花哨，要能与商品合理搭配。

图 1-23　场景化设计的主图

1.2.1.5　品牌宣传

商品主图关系到品牌形象，现在淘宝的同款商品越来越多，同质化导致消费者很难记住这些商品对应的店铺。所以，只有树立品牌才能让消费者对自己的商品加深印象，避免流失潜在的客户。将品牌标志（Logo）添加到主图进行标识，不仅能在展示商品的同时展示品牌，也能使顾客加深对店铺的印象，提升了商品的竞争力（图1-24）。

图 1-24　展示品牌标识的主图

1.2.2　主图设计要点

电商运营的核心目的是赢利，从网店利润公式（图1-25）可看出：利润=访客数×转化率×客单价-总成本。因此，在转化率一定的情况下，访客数越多，则销售额越高，利润越大。消费者通过关键词搜索宝贝，然后再看主图点击进入详情页，那么主图点击率就是非常关键的指标，在同样的曝光量的情况下，点击率提升一倍，那流量也会提升一倍。

$$利润 = 访客数 \times 转化率 \times 客单价 - 总成本$$

图 1-25　网店利润公式

1.2.2.1　主图的背景

这是一个视觉营销的时代，主图背景的重要性不言而喻，你的商品主图要在满屏的搜索页中脱颖而出，关键在于主图的背景要明显地区别于其他店铺，吸引消费者的注意力，增加点击的概率。如图1-26所示，同一款商品Pad手写笔，右图在背景选择上既有商品应用效果展示，又有使用的场景，突出商品的卖点，与左图相比更有吸引力。

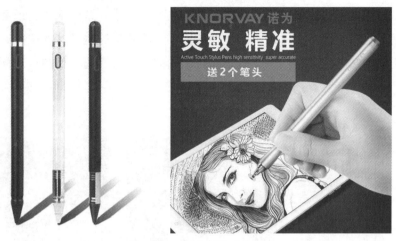

图 1-26　主图背景对比示例

1.2.2.2　主图呈现的卖点

研究发现，对于同款网店商品，有卖点呈现的主图能获得更多的点击量。但是，若卖点呈现杂乱无章，缺乏美感，则会带来反效果，如图1-27左图所示，此类图可称为"牛皮癣主图"，整张主图都是卖点文字信息。所以商品卖点不是越多越好，主图的促销信息和亮点呈现一定不要有喧宾夺主的感觉。商品主图中的卖点文字需简练易懂，可用数字体现。提炼的卖点一张主图尽量不超过两个且不超过主图的三分之一，字体统一，要做到简短清晰。图1-27右图则为较好的卖点呈现示例。

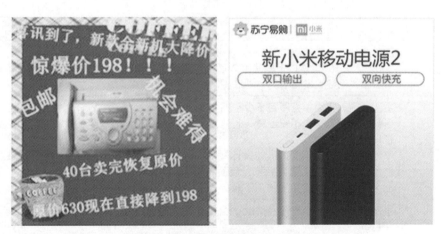

图 1-27　主图呈现卖点对比示例

1.2.2.3　主图上的标志

商品主图除了关系到品牌形象还影响着店铺定位。主图的辨识度就是如何让买家清楚地知道我们的店铺名，了解我们，记住我们。每个卖家在网上开设店铺时都会取一个店铺名，并建立好客户关系，把店铺的知名度打出去。这时属于自己店铺的标志（Logo）就很重要了，买家通过主图呈现的Logo就能知道这是谁家的宝贝，之前有没有买过，店铺的知名度广不广，然后根据自己的需求进行筛选。如图1-28所示主图能让买家一眼就知道商品属于哪个品牌。

图 1-28   主图上呈现标志示例

1.2.3   主图设计规范

商品主图对于店铺来说非常重要，所以我们在设计制作时必须遵循一定的规范。淘宝平台主图设计规范见表1-3。

表 1-3   主图设计规范

主题	主图设计规范
规格	宝贝主图大小不能超过3MB； 700像素×700像素以上图片上传后宝贝详情页自动提供放大镜功能； 第五张主图建议发布规范的白底图。
内容	主图必须为实物拍摄图且不少于3张； 店铺标志放置于主图左上角（若需要放置品牌Logo，则需要获得相应品牌商品的商标使用权）； 不同的类目，有不同的具体设计规范。例如，服装类目：主图图片不得拼接（不允许出现拼接图），除情侣装、亲子装等特殊类目外，不得出现多个主体；如果是商品全貌图，要求商品平铺，不能折叠（内衣类目商品除外）。
设计	主图图片上不得出现除品牌Logo外的水印，不得拼接，不得出现任何形式的边框、留白等； 主图图片不应包含夸大描述、联系方式等文字说明。
格式	上传的图片文件格式要求为GIF、JPG、JPEG、PNG。
操作步骤	登录"我的淘宝"→"卖家中心"→"发布宝贝"或者"出售中的宝贝"→"编辑宝贝"→"上传主图"。

1.2.4　主图设计实训

任务描述：××电子商务有限公司"成功饰品"淘宝店铺推出了新款饰品：韩版水钻小狗发绳和发夹。请你为该商品设计制作主图。

要求：将拍摄好的商品图进行处理，设计制作清爽、体现店铺标识并符合淘宝平台规范的主图。

设计步骤示例如下：

（1）打开Photoshop软件，新建尺寸为800像素×800像素的画布，如图1-29所示。

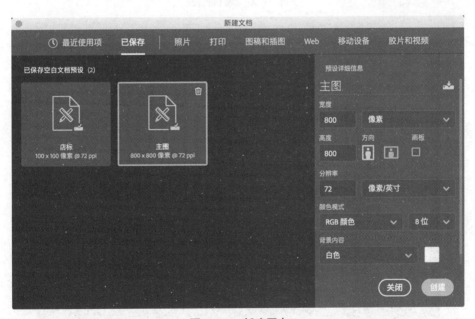

图 1-29　新建画布

（2）完成素材抠图，将抠好的图置入新创建好的文档中，利用自由变换工具（快捷键Ctrl+T）调整图片大小，可以按住Shift键进行等比例缩放，调整图片大小至尽可能充满画面，如图1-30所示。

（3）从素材库中加入店铺Logo，调整大小后放置于左上角合适的位置，如图1-31所示。

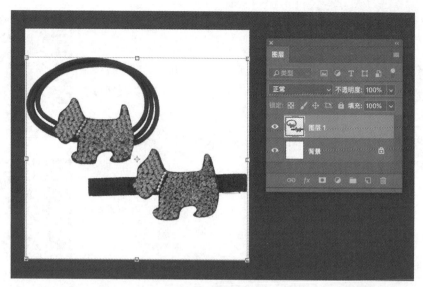

图 1-30　素材排版

图 1-31　添加店铺 Logo

 相关资源

不同类目的商品对于主图的要求不尽相同，可以在淘宝论坛的各个类目板块的公告找到相应主图的修图规范。

 课后作业

请为如图1-32所示小兔发绳饰品制作3张不同类型的主图，要求带有店铺标志，满足淘宝主图的设计规范。

图 1-32　小兔发绳饰品

1.3　直通车图设计

直通车，是淘宝为卖家提供的按点击付费的效果营销工具，主要是依靠图片创意吸引消费者点击，获得精准流量。从直通车用户数据看，直通车卖家数占全网卖家数的10%不到，但成交量却占了全网总成交量的一半以上。直通车的图片关乎消费者的视觉体验，处理好图片是进行直通车推广的第一步，图片优劣直接影响直通车的点击率，好的图片可以获得更多的点击与转化，也决定了广告的效果。

直通车图的展现位置分站内和站外，有淘宝、天猫首页，各个频道展位、淘宝无线端APP、淘宝站外（新浪微博、腾讯、优酷……）。最具代表性的展现位于搜索页右侧和底部，右侧掌柜热卖16个位置、底部掌柜热卖5个位置，如图1-33所示。

对于移动端而言，直通车图则是散布在搜索结果中，手淘中的直通车宝贝左上角有HOT字样，标题文字中有灰色小字"广告"标注，如图1-34所示。

淘宝直通车的优点体现在四个方面：一是多维度、全方位提供各类报表以及信息咨询，为推广宝贝打下坚实的基础；二是快速、便捷的批量操作工具，让宝贝管理流程更科学、更高效；三是智能化的预测工具，制定宝贝优化方案时更胸有成竹，信心百倍；四是人性化的时间、地域管理方式，有效控制推广费用，省时、省力，更省成本。

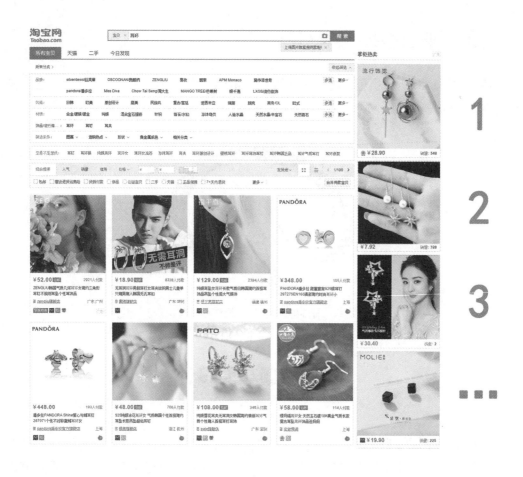

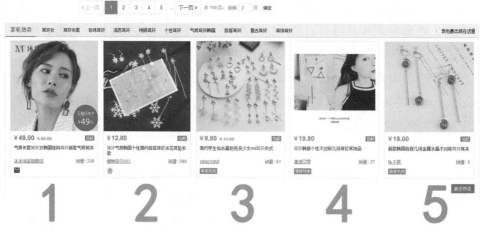

图 1-33　直通车展现的位置

图 1-34　手淘直通车展现的位置

1.3.1　直通车图案例分析

淘宝直通车推广，在给宝贝带来曝光量的同时，精准的搜索匹配也给宝贝带来了精准的潜在买家，让买家进入店铺，产生一次甚至多次的店铺内跳转流量，这种以点带面的关联效应可以降低整体推广的成本和提高整店的关联营销效果。同时，淘宝直通车还给用户提供了淘宝首页热卖单品活动和各个频道的热卖单品活动以及不定期的淘宝各类资源整合的直通车用户专享活动。下面分析一些成功和失败的案例，帮助大家总结此类图设计方向。

1.3.1.1　合适背景

为了突出商品，在设计直通车图时应选择合适的背景颜色，避免与商品颜色相近，图1–35中的左图背景不仅没有突出商品，反而模糊了商品的整体感观。另外，对于场景图可以进行模糊处理，如图1–35右图所示，模糊的背景很好地凸显出商品。

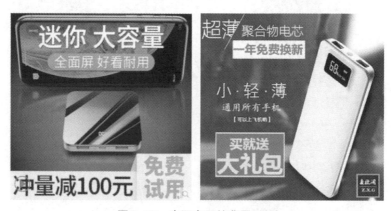

图1–35　直通车图的背景示例

1.3.1.2　精简文字

很多卖家想在直通车图上尽可能地多放些促销信息，但如果图片上文字表达的信息过多则会给人眼花缭乱的感觉，如图1–36左图所示。制作直通车图时需要分析商品与目标消费群体，提炼出最重要的信息予以展示，并且需要注意颜色、大小、布局。对于同一款商品，图1–36右图给人品质更好、更可信赖的感觉。

1.3.1.3　素材搭配

为突出商品特性、卖点，在制作直通车图时选择合适的素材进行搭配往往能起到意想不到的效果。如图1–37所示，图中为了表现电饭煲烧出"柴火饭"的效果，特地添加柴火、热气、气泡等素材，展现电饭煲卖点的同时很好地吸引消费者的注意力。

图 1-36　直通车图精简文字示例

图 1-37　素材搭配

1.3.2　直通车图设计要点

直通车的图片视觉优化最重要的部分是商品首图，它是消费者了解这个商品的"开始"，也是推广商品的"入口"。小小的图片有很多的设计要求。

直通车大致布局框架如图1-38所示。

图 1–38　常见直通车的布局

1.3.2.1　分析宝贝卖点

无论是什么样的商品，我们必须找到商品的特点、提炼它的卖点。对于展示卖点的具体内容，必须分析商品及受众消费群体，提炼出最精髓的信息予以展示，比如功能类商品以展示功效为主、对于普通工薪消费人群以展示优惠折扣为主、对于优势突出的商品以展示优势为主，同时也可以考虑给消费者更多的选择空间。表1–4为不同类目商品的卖点提炼示例。

表 1–4　直通车图卖点呈现

	日用百货类商品：主要面向女性消费者群体，针对此类群体利用低价吸引眼球，激发购买欲望。直通车图重点突出展示低价格折扣、免邮等信息。
	男鞋类商品：针对男性消费者，他们更关注商品本身的品质，所以直通车主图分析商品卖点，突出材质优势，凸显商品所用材料，从而吸引消费者。
	小家电类目商品：主要面向小资型消费者，他们关注商品的功能，即使用效果，所以在直通车主图中以突出商品功能为主，恰当地放大商品的功能性，能很好地激发消费者购买。

（续表）

	手表类目：主要面向年轻消费者，利用明星效应，直通车主图标注明星同款，就能斩获大量的流量。
	不管什么类目，只要创意够吸引人，就能获得较好的关注。如左图的创意点在于针对消费者需求体现了鞋子的轻盈，获得一定的流量。

1.3.2.2　突出文案

卖点可以直接通过商品图片或商品创意图片来展示。当商品图片或创意图片不足以简洁、准确地传达卖点信息时，精炼有创意的文案，辅助商品图片更好地传达商品卖点就尤为重要。

如图1-39所示，左边的图片，消费者不清楚该行李箱的品质，而右边的图片把行李箱防摔、耐磨、抗压的品质直接用文字体现，很清晰地告诉消费者这个商品的性能，同时把文字颜色凸显处理，这样就"放大"了该商品的卖点，有助于吸引消费者下单购买。

图 1-39　文案突出直通车图示例

1.3.2.3　视觉差异化

视觉差异化可分商品图片拍摄创意差异化、直通车图设计排版差异化、卖点文案差异化。设计中通过视觉差异化，有别于其他同类商品直通车图，从而脱颖而出以吸引消费者点击。

在设计直通车图时可适当选择背景颜色，或者在拍摄时尽量使用与商品本身色彩差异较大的颜色。如图1-40右图所示，选择用白色凸显商品，而图1-40左图则选择了与商品颜色一致的黑色，不但没有突出商品，反而使商品在图片中失去主导地位。如果是必须使用的颜色，那可以把图片的背景适当做模糊效果处理，以突出商品。

图1-40　视觉差异化直通车图示例

1.3.3　直通车图设计规范

直通车图关乎店铺的引流效果和消费者的视觉体验，好的图片可以获得更多点击与转化，而不符合规范的直通车图会使店铺失去效益。在设计制作时，我们要注意其设计规范，见表1-5。

表1-5　直通车图设计规范

主题	直通车图设计规范
尺寸	页面右边800像素×800像素； 页面下边210像素×315像素。
格式	上传的图片文件格式要求为GIF、JPG、JPEG、PNG。
要求	主题卖点在1～2个，并且要求简要、明了、精确，标题尽量控制在6字以内； 图文搭配比例平衡，整齐统一，所有文字都居左或者居右，字体、颜色、样式、行距等统一； 图片的设计需要整齐和统一，合理控制图片重心。

1.3.4　直通车图设计实训

任务描述："成功饰品"淘宝店铺推出了主打饰品：韩版水钻发夹。请为该商品设计制作直通车图。

要求：将拍摄好的商品图进行处

理，设计制作体现价格优势并符合淘宝平台规范的直通车图。

设计步骤示例如下：

（1）打开Photoshop软件，新建尺寸为800像素×800像素的画布，如图1-41所示。

图 1-41　新建文档

（2）将发夹素材进行抠图并添加倒影、边框等效果，如图1-42所示。

（3）添加文字，设置文字属性为凸显价格优势，如图1-43所示。

（4）添加促销信息、店铺标识等信息，选择图形素材进行设置，如图1-44所示。

图 1-42　素材处理

图 1-43　文字处理

图 1-44　促销信息设置

 相关资源

资深网店美工制作直通车图的七大技巧

小技巧1：商品不能被任何素材及文字覆盖，保证图片与素材或文字的间距至少10

27

像素。

小技巧2：在做商品展示和拍摄的时候找一些"配角"搭配，注意主次关系。主角永远要占2/3的位置，消费者会自动根据图片中的比例关系去区分商品，避免造成消费者误解。

小技巧3：作为直通车推广的图片，清晰度是最为重要的。在做图片设计的时候，要注意较暗的图片可以用色阶调亮，模糊的图片可以适当锐化，让它变得更清晰。

小技巧4：在缩放商品图片的时候，商品会相应变模糊，因此在缩小商品后适当锐化一次，不可超过两次，这样商品看上去更有质感，但是，缩小了的图片切勿放大，如果觉得商品缩得太小了，就拿拍摄的高精度原图重新缩放。

小技巧5：整齐、统一缺一不可。整齐即所有文字或左或中或右对齐。所谓统一，就是字体、样式、颜色、字号、行距、字间距等统一，对于其中重点信息可以通过改变字体、字号或颜色来体现主次。

小技巧6：尽可能减少首图上的文字信息，以展示图片为主。

小技巧7：注意设计图片和展示图片的大小差异。在设计首图的时候，完成图片设计后，建议缩小到160像素×160像素大小看看，商品和文字是否清晰，然后再做展示。

 课后作业

评价直通车的好坏应该从市场出发，点击率越高表明直通车质量越高。请为如图1-45所示商品制作直通车图，要求加入合适的促销信息，可以通过网络匿名投票的方式来评选优秀的直通车设计作品。

图1-45　商品

第2章　首页营销设计

　　每个消费者一进入店铺，首先看到的就是由店招、导航栏、商品海报等组成的店铺首页。成功设计首页各部分图片，才能吸引顾客点击，从而引导顾客购买店铺内的商品。如何整体设计好一个店铺的首页就是本章要介绍的内容。

学习目标

1. 了解并熟练掌握店招的营销设计；
2. 理解店铺中导航栏的营销设计；
3. 了解店铺中首页海报以及轮播图的设计要点；
4. 了解首页商品陈列区的设计要点；
5. 掌握首页中尾部的营销设计要点。

引导案例

　　王同学在设计本公司的淘宝店铺时，首先研究了一下同类目店铺的设计，发现店铺的首页设计在饰品类店铺中至关重要。为此，他召集了公司内部的多位营销设计精英，要求他们分工合作，把新店的首页设计得既美观又大方，更主要的是要让消费者进来眼前一亮。

2.1　店招和导航栏营销设计

　　店招就是我们通常所说的店铺招牌，它是一个店铺文化的缩影，会显示在每个商品页面的最上方。一般都有统一的大小要求，以淘宝网来说，店招尺寸通常为950像素×120像素，格式一般为JPG、GIF等。卖家往往会追求店招的吸引性，由此便滋生出了各种设计，店招也更加形象生动化。

2.1.1 店招案例分析

店招应该能起到信息宣传的作用，但是淘宝上很多店铺的店招虽然做得很漂亮，却并没有起到传达足够信息的作用。如图2–1所示店招主题不明，喧宾夺主。又如图2–2所示的店招的布局由于信息过多过杂，且没有很好的分层，往往容易使人头晕眼花，不能获得很好的表达效果。

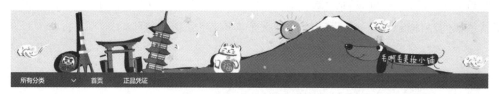

毛啊毛美妆小铺
所有分类
首页
正品凭证

图 2–1　主题不明，喧宾夺主

韩版气质好裤商城
好裤子不挑 场合 年龄 身材 穿了他通通气质非凡！
所有分类
首页

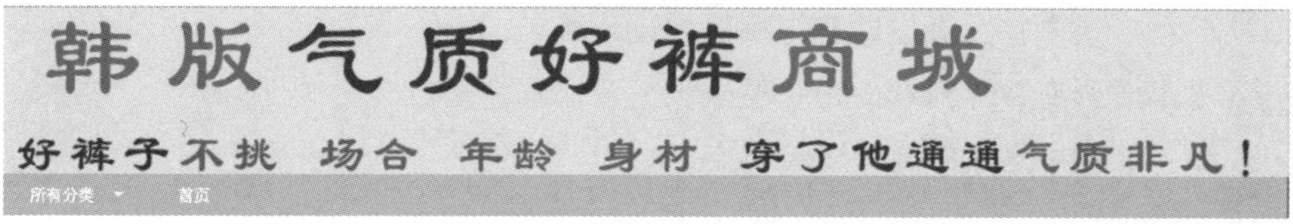

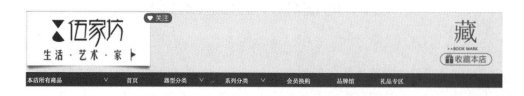

图 2–2　店招布满信息

店招是传达店铺信息、展示店铺形象的重要部分。一个好的店招可以第一时间提供给顾客很多方便，如店铺收藏、店铺分享、购物车等基本按钮的指引，或者有店内活动公告、宝贝打折、促销等种种相关消息提示，如图2–3所示。因此，如果店铺招牌要真正发挥招揽顾客的作用，在设计时需要遵循“明了、美观、统一”的原则：明了就是要把主营商品用文字、图像明确地告诉顾客，而不是过于含蓄或故弄玄虚；美观主要指图片、色彩、文字的搭配要合理，要符合大众审美；统一就是招牌要与整个网店的风格一致。

伍家坊
生活·艺术·家
关注
藏
>>BOOK MARK
收藏本店
本店所有商品
首页
器型分类
系列分类
会员换购
品牌馆
礼品专区
ZARA
主页
本周新品
STUDIO
女士
TRF
男士
儿童
鞋与包
客服中心
品牌形象

图 2–3　店招案例

2.1.2　店招的布局设计

不管顾客从哪个入口进来，都会看到店招。作为整个店铺曝光量最大的一个板块，店招至少要突出店铺品牌和商品定位，也就是要让人一看就知道你的店名是什么，卖什么商品。

如果是品牌型店铺，则主要突出商品的品质和品牌形象，如图2-4所示。

所有分类　　首页　　本周新品　　品牌分类　　健康食品　　服饰鞋包　　居家生活　　洗护清洁

图 2-4　品牌型店招

如果是营销型店铺，则主要突出店内活动，或某一个爆款单品，如图2-5所示。

图 2-5　营销型店招

在店招上增加功能性内容，可以提高客户体验度，如将店内搜索放在店招中，方便买家搜索，同时也能有效防止客户在店铺最上方搜索，导致出店，如图2-6所示。

图 2-6　搜索栏

设计店招时，应优先考虑店招的布局，不同的布局方式起到的效果完全不一样，下面介绍几种常见的店招布局。

2.1.2.1　极简布局

极简布局的店招信息简单明了，除了店名外没有过多的干扰信息，大气、直观，如图2-7所示。这种布局常被有较大知名度的品牌店铺使用。

emoi 基本生活

首页　/　智能生活　/　香薰生活　/　居家生活　/　个人随身　/　全国零售店铺　/　关于emoi

图 2-7　极简布局

2.1.2.2 简洁布局

简洁布局强调品牌Logo和广告语，部分店铺会添加收藏链接、搜索栏等一些小控件，如图2-8所示。

图 2-8　简洁布局

2.1.2.3 促销活动布局

在基础布局上添加促销信息或活动商品，如图2-9所示。添加这些信息时需要注意留白，不然很容易达到反面效果。

图 2-9　促销活动布局

2.1.2.4 左中右布局

左中右布局是将店招内容分为三块，如图2-10所示。

图 2-10　左中右布局

2.1.3 导航栏营销设计

顾客通过页头的店招与导航栏的链接，可直达各个页面。因此，通常的做法是将店招和导航栏结合在一起，虽然页头只占据店铺150像素的高度，但却相当于网店的门户，所以不容小觑。简单直观的导航栏不仅能提高网店的操作性，而且方便顾客找到所需信息，有助于提高用户转化率。在设计导航栏时为了保证导航栏的有效性，并发挥导航栏的营销作用，需要注意以下基本原则：

（1）明确性。让顾客明确店铺的主要商品范围、清楚了解自己所处的位置等，这些就是指导航栏的明确性。只有明确的导航栏才能真正起到引导顾客的作用。

（2）可理解性。导航应该是易于顾客理解的，无论是使用文字、图片还是按钮，都需要注意简洁清楚，避免使用无效信息。

（3）完整性。导航栏必须具体、完整，可以让浏览者获得整个网店范围内的导航栏，能涉及网店中全部的信息及关系。

（4）易用性。导航系统应该容易进入也容易跳转。

导航栏把网店里的商品按一定标准进行分类，就像超市里有食品区、日用品区、家电区一样，对网店来说，合理的分类一方面便于顾客查找，另一方面有利于卖家促销。合理分类的主要原则是标准统一，如女性饰品店可按商品属性，如发夹、项链、戒指等来分类，化妆品店可按使用效果，如美白系列、祛痘系列、抗皱系列等来分类。此外，在分类排列时，可把新品、特价等较易引起顾客兴趣的重要信息放在相对显眼的位置，如图2-11所示，这样容易受到顾客的关注。除了这种常规导航栏分类，也可以根据店铺自身特色，制作出与众不同的导航栏。

图 2-11　重要信息的摆放

同时在二级分类中添加促销商品，利用每个可利用的空间，如图2-12所示。

图 2-12　二级分类中添加促销商品

为了突出店铺特色，也可以在导航栏上做文章，导航栏的特色是由导航栏的背景以及图案所体现的，如使用木头纹理，或者和店铺页面使用同一背景，使之浑然一体，或者在文字旁添加形象的简易图案，如图2-13所示。

图 2-13　特色导航栏欣赏

2.1.4　店招及导航栏设计规范

我们在设计制作店招时还需要注意不同平台的店招和导航栏设计规范。淘宝店招及导航栏设计规范见表2-1。

表 2-1　店招及导航栏设计规范

主题	店招及导航栏设计规范
尺寸	建议尺寸950像素×120像素，如果想包含导航栏，尺寸可以是950像素×150像素。
保存格式	GIF、JPG、JPEG、PNG格式。
设置步骤	进入"卖家中心"→"店铺装修"→"PC端"→"编辑店铺招牌"，上传或更换店招图片。

2.1.5　店招及导航栏实训

任务描述：现有××电子商务有限公司新开主营饰品的淘宝店铺，店铺名称为成功饰品，请设计制作包含导航栏的店招。

要求：根据前一章介绍的店标风格，设计制作极简风格并符合淘宝平台店招规范的店招。

操作中涉及的Photoshop工具包括文字工具、自定义形状工具等。在具体制作过程中，通过分模块制作的方式分别设计制作收藏按钮、导航栏等，以备后续重复使用。具体操作步骤如下：

（1）新建一个500像素×357像素大小的文档，分辨率为72像素/英寸，将"背景"图层填充上白色，命名为"收藏店铺"，保存为PSD格式，如图2-14所示。

（2）使用"文字工具"，输入"藏"字，并设置相应格式。

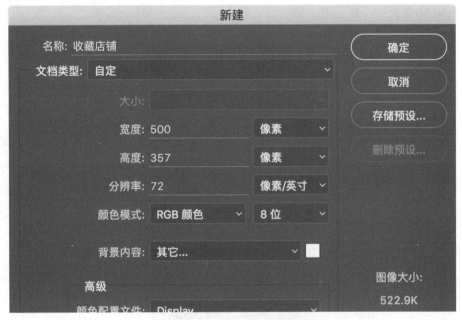

图 2-14　新建文档

（3）使用"自定义形状"工具输入方框形状，设置为无边框，并设置相应参数，如图2-15所示。栅格化形状，使用矩形选框工具去除两个角上的边框，呈现如图2-16所示效果。

图 2-15　方框形状参数

（4）使用"文字工具"添加文字，如"收藏店铺""BOOKMARK""更多优惠早知道"等，如图2-17所示。

图 2-16　制作边框　　　　　　　　　　图 2-17　添加文字

（5）为做好的图层建组，命名为"收藏"，如图2-18所示。

图 2-18　将图层建组

（6）新建一个950像素×30像素大小的文档，分辨率为72像素/英寸，将"背景"图层填充上黑色，命名为"导航栏"，保存为PSD格式，如图2-19所示。

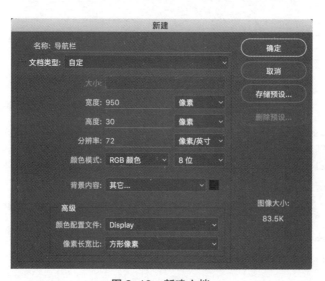

图 2-19　新建文档

（7）使用文字工具，输入相应文字"所有分类、首页、爆款包邮、本周上新、盘发、头扣、头绳、发夹"，注意文字间距，如图2-20所示。

所有分类　　首页　　爆款包邮　本周上新　　盘发器　　头扣　　头绳　　发夹

图 2-20　输入导航栏文字

（8）为做好的图层建组，命名为"导航栏"，如图2-21所示。

图 2-21　对图层建组、命名

（9）运行Photoshop，新建一个950像素×150像素大小的文档，分辨率为72像素/英寸。将"背景"图层填充上白色，命名为"店招"，保存为PSD格式，如图2-22所示。

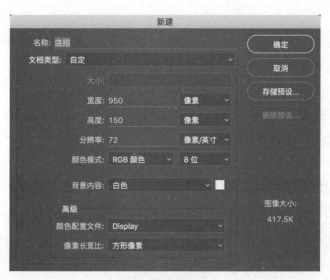

图 2-22　新建文档

（10）将"导航栏"及"收藏"拖入"店招.psd"文件中，进行合适的排版。

（11）添加相应的Logo或文字，一个极简风格的店招就做好了，如图2-23所示。

成功饰品

所有分类　　首页　　爆款包邮　本周上新　盘发器　头扣　头绳　发夹

图 2-23　效果图

 相关资源

店铺及导航栏素材网：http://90sheji.com

视频教学资源：https://v.youku.com/v_show/id_XNzE1MTExMzQw.html

 课后作业

根据店招及导航栏设计要点，为"成功饰品"店铺设计一套开展促销活动的店招及导航栏，保存为PSD格式，上交作品。

2.2　首页营销海报设计

首页营销海报（轮播图）一般位于导航栏的下方，占有较大的面积，是顾客进入店铺首页后看到的最醒目区域。利用好首页营销海报，不仅能带来视觉震撼，还能使顾客第一时间了解店铺的活动、促销信息。

2.2.1　海报案例分析

关于海报设计，不同设计师有不同的表现技巧和方法，因此没有一个固定的教程，但都需要把文字和图案的排版做到近乎完美。我们只有多看，多分析，把好的表现手法用到自己的作品中，才能快速提高。

2.2.1.1　失败案例分析

（1）画面杂乱。无论是主推商品还是促销活动的海报，主体商品都不能太多，否则会造成没有重点。如图2-24所示，海报图主体其实就是一款裤子，显然店家是为了全面展示裤子，将整个海报分为多个小块，每个小块放置一个裤子的实拍图，但是这种拼接画面却给人一种杂乱、低廉的感觉，瞬间拉低了店铺的档次。其实，这个海报完全可以选择其中一个裤子全图作为主体，其他的细节图、侧面以及背面都应该在商品详情页展示。

图 2-24　画面杂乱

（2）干扰信息多。海报的主题从背景、商品、文案等方面体现，这就需要提炼出重点文字，对配色进行调整，对干扰信息进行处理。如图2-25所示，海报主题是面膜，但由于背景内容过多，综合起来让人感觉排布过于复杂，无法良好地突出整体效果。

图 2-25　干扰信息多

（3）文字过多。海报图中文案是必不可少的，恰到好处的文案不仅能点明主题，还能吸引点击。文案需要精简提炼，突出主要信息。文字一旦过多，会造成阅读困难。如图2-26所示，左边和下面有大段的无意义英文字，本应该突出的"我有/我潮范儿"这样的品牌口号，却设计得很小。

图2-26　文字过多

（4）内容空乏。由于海报占有首屏的很大篇幅，当海报没什么实质内容时，就如同摆设。如图2-27所示，整张海报图居中位置都是一些意义重复的大字，既没有活动信息，也没有商品信息，让人不知其意义何在。

图2-27　无主题，内容空乏

（5）审美疲劳。在淘宝网大型活动中，很多店铺都使用了官方的大海报，这种海报与店铺没有直接的联系，在海报中甚至还显示了很多其他品牌。使用相似背景、配以相同文字的相似海报，也令人感觉没有任何新意，虽然能在店铺中营造活动氛围，但是如果顾客每进一个店铺，打开首页都是同样的海报，就难免会有审美疲劳，如图 2-28所示。

图 2-28　审美疲劳

2.2.1.2　优秀案例分析

海报图能起到营销的作用才算成功。下面从几个成功的案例分析海报的营销功能。

（1）主打商品。将主打商品、明星商品、口碑商品作为制作海报的图片，可以很好地诠释品牌，体现品牌形象，引起消费者的注意，如图2-29所示。

图 2-29　将主打商品作为海报

（2）主题活动。一般以店铺上新、店庆、节日或其他活动为主题，设计海报。活动海报中主体不再是单个商品，如图2-30所示，主题是母亲节促销，活动中添加系列商品可以吸引有同类需求的买家。另外，全网活动也是海报设计的方向之一，如图2-31所示。

图 2-30　主题活动

图 2-31　全网活动

（3）明星效应。明星有很强的号召力，因此在海报中使用店铺的代言明星也是常用的手法。海报的明星效应就是唤起消费者的记忆，展示品牌形象，如图2-32所示。

图 2-32　明星效应

2.2.2　海报的设计要点

从前面的案例分析中可以得到海报的设计要点。

2.2.2.1　主题

海报的制作需要有一个主题，无论是新品上市，还是活动促销，主题选定后才能围绕这个方向确定海报的文案、信息等。海报的主题以"商品+描述"体现，将描述提炼成简洁的文字，并将主题内容放置在海报的视觉中心，能比较高效且直接地让消费者一眼就能知道所表达的内容。

一个海报主题基本通过商品、背景、文案三部分来体现。

首先，海报中突出商品特色、商品价格等信息，如图2-33所示。

图 2-33　商品信息

其次，根据商品和活动来选择合适的背景。背景分为颜色背景、场景背景及纹理背景，如图2-34所示。

图 2-34　海报背景

最后，文案的字体不超过三种，用粗大的字体突出主题。文案分主题内容、副标题和说明性文字，把握好主次关系，适量留白，让顾客在浏览的过程中能够轻易地抓住画面提供信息的重点，提高阅读体验，如图2-35所示。

2.2.2.2　构图

海报的构图就是处理好图片、文字之间的位置关系，使其整体和谐，并突出主体。

（1）左右构图。这是比较典型的构图方式，一般为左图右文或左文右图两种模式，如图2-36所示。这种构图比较沉稳、平衡。

（2）左右三分式构图。以均分法构图，将画面三等分，其中两等分为图片，一等分为文字。这种构图比左右构图更具层次感，如图2-37所示。为了突出主次，可将两边的图片设置为不同大小。

图 2-35　海报文案

图 2-36　左右构图

图 2-37　左右三分式构图

（3）上下构图。上下构图分为上图下文和上文下图两种，如图2-38所示。

图 2-38　上下构图

（4）斜切构图。斜切构图会让画面显得时尚，动感活跃，但是画面平衡感不是很好控制。斜切式的义案倾斜角度最好不要大于30°，不然得歪着头阅读。另外，根据阅读习惯，文字一般是往右上方倾斜，这样有一种上升感，如图2-39所示。

图 2-39　斜切构图

2.2.2.3　配色

海报的配色十分关键，画面的色调会营造一种氛围。在配色中，对重要的文字信息，以突出醒目的颜色进行强调，以清晰的明暗对比传递画面信息，以不同的配色来确定相应的风格。如图2-40所示，使用黄色系表现婴幼儿的服饰；如图2-41所示，使用绿色表现食品的健康、绿色无污染。

图 2-40　黄色系表现幼儿风格

图 2-41　绿色表现食品的健康

2.2.2.4 视觉冲击力

淘宝首焦是淘宝首页顶部最显眼的位置，通常指网页顶部或左上位置，是最能引起人们目光注视的部分。首页海报作为一个整体，目标是要从整个首页中脱颖而出，而首页除首焦以外的整个部分从视觉上也可以被视为一个整体，这个整体要和首焦在统一的前提下有所区分，从而获得较好的视觉冲击力。如图2-42所示，海报采用大块的同一色调渐变来展示整个版面，从而让首焦从首页中凸显出来，而在颜色和设计元素上又保持了统一。

图2-42 统一色调的渐变

除色调的渐变以外，同一色调也是当前用得比较多的一种突出视觉的方式。如图2-43所示是一幅关于速冻水饺的海报。

图2-43 左右构图的同一色调首页海报

视觉冲击力来自对排版和配色的把握，最亮的颜色是白色，最暗的颜色是黑色，只有通过对对比的严格控制，才能让视觉冲击发挥作用。如图2-44所示是Nike官方旗舰店为推出欧文签名鞋时设计的典型的黑白配式海报图。

图 2-44　Nike 官方旗舰店黑白配式海报图

2.2.3　首页海报图设计规范

首页海报图设计规范见表2-2。

表 2-2　首页海报图设计规范

主题	首页海报图设计规范
尺寸	基础版网店一般为750像素×600像素以下，专业版网店一般为950像素×600像素以下，使用代码时可使用1920像素宽度以下。
保存格式	GIF、JPG、JPEG、PNG格式。

 相关资源

精美的海报需要许多素材的搭建，红动中国网站（http://so.redocn.com）提供免费的海报素材。

 课后作业

根据海报的设计要点，为"成功饰品"店铺分别设计用于新品上市和活动促销的海报，并保存为PSD格式上交作品。

2.3 商品陈列区设计

在设计店铺首页时，除了店招、导航栏和欢迎模块之外，大部分网店都会使用商品陈列区来展示商品，让消费者大致了解店铺中商品的形象、风格和价格。商品陈列区也是一个较为重要且尺寸较大的区域，接下来就对商品陈列区的设计进行讲解。

2.3.1 商品陈列区的布局方式

商品照片的布局是影响商品陈列区整个版式的关键，也是确立整个首页风格的关键。很多设计师为了吸引消费者的眼球，会根据商品的功能、外形特点、设计风格来对商品陈列区布局进行精心规划设计，将店铺中的商品艺术化地展现出来。仔细分析研究众多的网店首页后，我们可以归纳出三种较为常见的商品陈列区的布局方式，分别为折线型布局、随意型布局和等距等大的方块式布局。

2.3.1.1 折线型布局

折线型布局就是将商品照片按照错位的方式进行排列。简化后的折线型布局如图2-45所示，可以看到消费者的视线会沿着商品照片做折线运动。这样的设计可以给人一种清爽、利落的感觉，具有韵律感。但要注意的是，这样的布局会占据大量的页面空间，只适合在商品数量较少时使用。

2.3.1.2 随意型布局

随意型布局就是将商品照片随意地放置在页面中，但是这种随意往往需要营造出一种特定的氛围和感觉，让这些商品之间产生一种联系，否则画面中的商品会由于缺乏联系而显得突兀。随意型布局在服装搭配、组合销售中使用较多，是一种灵活性较强的布局方式，如图2-46所示。

2.3.1.3 等距等大的方块式布局

等距等大的方块式布局是商品陈列区最常用、也是最有效的一种布局方式。它将画面分为相同大小的矩形，像棋盘一般进行页面布局，如图2-47所示。这种布局方式能让画面形成统一的感觉，可以充分利用页面空间，同时展示多个商品。

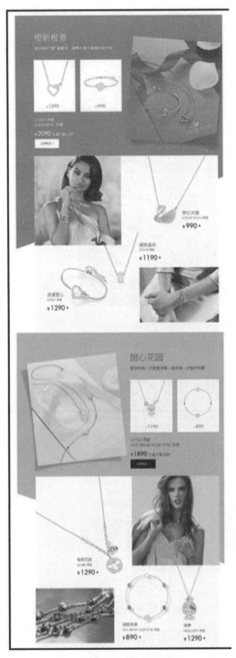

图 2-45 折线型布局

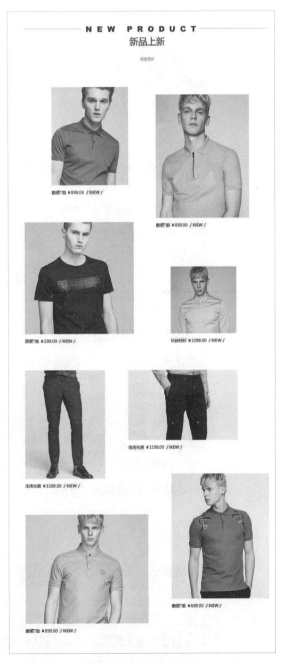

图 2-46 随意型布局

图 2-47　等距等大的方块式布局

2.3.2　商品陈列区的设计规范

商品陈列区的设计规范见表2-3。

表 2-3　商品陈列区的设计规范

主题	商品陈列区的设计规范
尺寸	设计宽度与导航栏的宽度一致，但是不同的电商平台或不同版本的网店，对导航栏宽度的要求是不一样的，因此，商品陈列区的尺寸与整个首页的中心宽度相同，对高度没有限制。
保存格式	GIF、JPG、JPEG、PNG格式。

 相关资源

淘宝店铺宝贝陈列的相关技巧可参考以下两篇文章：

http://www.docin.com/p-709189806.html

https://wenda.so.com/q/1462240846729192

 课后作业

根据店铺的风格及商品陈列区设计要点，为"成功饰品"店铺设计合适的商品陈列区，并保存为PSD格式，上交作品。

2.4　店铺页尾营销设计

如果顾客从头到尾浏览了首页后没有跳转到其他页面，那么页尾是我们挽留顾客的最后机会。页尾服务于非目标性客户和新手买家，页尾的设计体现店铺的完整性和专业性，因此页尾的营销设计十分重要。

2.4.1　页尾的功能

常见的页尾设计有以下几种功能。

2.4.1.1 服务与互动

当顾客浏览到页尾时，对店铺中出售的商品已经有了大致的了解，在页尾中通过"官方正品保证""7天无理由退换货"等信息，提升信任感，打消顾客疑虑，提供"返回顶部"链接，提升用户体验，如图2-48所示。

图2-48　服务式页尾

添加在线客服，顾客有疑问时可以直接点击咨询，而不用回到页面上方去找客服，减少了顾客因为麻烦而放弃咨询的可能性，如图2-49所示。

图2-49　添加在线客服

通过添加手机店铺二维码、微淘二维码、微博、关注、收藏等模块来实现互动，如图2-50所示。添加VIP会员，服务老客户，增加客户黏性，也从一定程度上体现了店铺的专业服务。

2.4.1.2 分类引导

分类将给予更多选择，而对于从商品详情页阅读至页尾的顾客，可以协助顾客更快找到目标商品和促成成交。如图2-51所示为分类引导式的页尾设计。

图 2-50　互动式页尾

图 2-51　分类引导式页尾设计

2.4.1.3　品牌介绍与扩展

在页面介绍品牌故事可以给顾客了解品牌的机会，增强可信度，提高品牌认知度，如图2-52所示。品牌扩展是指展示该品牌旗下的其他店铺，给顾客更多选择，将流量导向其他店铺，如图2-53所示。

图 2-52　品牌介绍

图 2-53　品牌扩展

2.4.2　两种特殊的页尾

2.4.2.1　大牌简约页尾

大牌简约页尾没有过多的修饰或者辅助内容，简约至极，百搭自然，如图2-54所示。

图 2-54　大牌简约页尾

2.4.2.2　特色页尾

有特色的页尾为店铺增色的同时，也要秉承视觉营销的理念，如图2-55所示。

图 2-55　特色页尾

2.4.3　页尾设计要点

页尾中包含了很大的信息量，包括店铺申明、公告之类的信息，在方便买家的同时也体现着店铺的全方位服务，其作用不可小觑。店铺页尾设计多使用简短的文字加上有代表性的图标来传达相关信息。如图2-56所示为一款比较有代表性的页尾设计。

图 2-56　页尾设计

通过以上几个案例可以总结出页尾具有以下几点功能：

（1）店铺底部导航：便于用户选择。

（2）返回顶部按钮：在页面过长的情况下，加上"返回顶部"链接可以方便用户快速跳转到顶部，将流量又引导回首页。

（3）收藏、分享店铺：在页尾添加收藏、分享店铺的链接能方便买家收藏，留住客户。

（4）旺旺客服：便于买家联系客服，解决顾客碰到的各种问题。

（5）温馨提示：如发货须知、买家必读、购物流程、默认快递等信息可以帮助顾客快速解决购物过程中遇到的问题，减少买家对于常见问题的咨询量。

2.4.4　页尾设计规范

页尾设计规范见表2-4。

表 2-4　页尾设计规范

主题	页尾设计规范
尺寸	宽度950像素，高度通常为100~400像素。
主要内容	客服中心、购物保障、发货须知等。
保存格式	GIF、JPG、JPEG、PNG等。

2.4.5　页尾实训

任务描述：现有××电子商务有限公司新开主营饰品的淘宝店铺，店铺名称为成功饰品。请设计制作极简风格的页尾。

要求：结合已有店铺的设计风格，运用Photoshop中的文字工具、标尺、自由变形命令设计制作符合淘宝平台规范的页尾。在店铺页尾的制作过程中，同样采用分模块制作的方式分别设计分类页、手机店铺部分以及收藏按钮。具体操作步骤如下：

（1）新建950像素×30像素大小的文档，分辨率为72像素/英寸，将"背景内容"设置为透明，命名为"导航栏"，保存为PSD格式，如图2-57所示。

图 2-57　建立文档

（2）使用文字工具，输入相应文字"返回顶部 / 发饰 / 首饰 / 发夹 / 盘发器"，注意文字间距。

（3）为做好的图层建组，命名为"导航栏"。

（4）新建一个500像素×357像素大小的文档，分辨率为72像素/英寸，将背景内容设置为白色，命名为"手机淘宝"，保存为PSD格式，如图2-58所示。

图 2-58　新建文档

（5）进入淘宝店铺，找到店铺右上角的手机淘宝二维码，单击右键选择"另存为"进行保存，如图2-59所示。

图 2-59　保存淘宝二维码

（6）将二维码拖入手机淘宝.psd文件中，并配上相应文字，保存并将图层建组，如图2-60所示。

图 2-60　建立淘宝二维码图层

（7）新建一个950像素×300像素大小的文档，分辨率为72像素/英寸，将背景内容设置为白色，命名为"页尾"，保存为PSD格式。

（8）将"收藏""手机淘宝""导航栏"等拖入"页尾.psd"文件中，使用自由变形工具调整大小，使用标尺工具进行排版，这样一个店铺的页尾就制作完成了，如图2-61所示。

图 2-61　页尾完成图

相关资源

淘宝店铺装修素材之页尾营销设计请参考以下网站：

https://diy.ganggg.com/moban/kefu_list.php

页尾设计技巧请参考以下网站：

http://blog.sina.com.cn/s/blog_15ea002840102y3l0.html

 课后作业

根据店铺的导航栏和二维码等素材，为"成功饰品"店铺设计服务与互动型页尾，保存为PSD格式，并上交作品。

第 3 章 详情页设计

宝贝详情页是唯一向顾客详细介绍宝贝的页面，顾客是否喜欢、是否愿意购买这个宝贝都要看宝贝详情页，大多数订单也都是在看过宝贝详情页后生成的。可以说，宝贝详情页的质量直接关系到流量的转化率。优秀的宝贝详情页设计，能将商品的卖点最大化地展示，最为直接的表现就是延长客户浏览宝贝的停留时间，这个通过后台数据可以体现出来。

学习目标

1. 了解详情页构成；
2. 掌握宝贝各项信息的填写；
3. 熟练宝贝详情页的设计。

引导案例

随着网络购物的兴起，成千上万的人开始在网络上创业。王同学在做好店铺装修后，即投入具体宝贝的详情页设计，让公司的商品销售进入更佳的状态。

3.1 详情页设计的内容

以淘宝为例，一般详情页分为宝贝基本信息、宝贝属性、商品模特图、商品实拍图、商品细节图、店铺品牌形象展示、售后服务等几个方面的内容。

3.1.1 宝贝基本信息

淘宝详情页的第一页就是宝贝的基本信息。基本信息不仅是买家获取关于宝贝的最核心信息，也是进行宝贝搜索的关键信息。淘宝目前在线商品数超过10亿种，作为买家，在多如沙砾的小图片中一页一页地翻看，难免眼花缭乱。如何精准地帮助买家找到他想要的商品呢？经过多年的探索，淘宝通过建立一套完整的类目属性体系，较好地解决了这一问题。商品属性细分对买家很有帮助，多选择一个宝贝属性，就更接近自己想要的商品。

淘宝卖家务必重视并完善宝贝的属性特征，不遗漏任何一个属性特征。具体操作步骤如下：

（1）登录"我的淘宝"→"我是卖家"→"出售中的宝贝"。

（2）点击页面右侧"编辑"按钮，对"宝贝属性"进行补充，或者在淘宝助理里面直接修改宝贝属性即可，如图3-1所示。

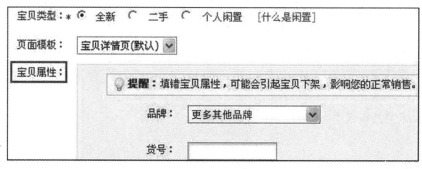

图3-1　填写宝贝属性

（3）点击"确认"按钮。

如果宝贝属性填写不全，系统会返回错误提示："出错啦！以下宝贝信息填写不正确，请编辑后重新发布。"

每个商品类目都有相应的基本信息表，淘宝平台通过统一的、尽量详细的宝贝基本信息设置，方便买家和卖家进行信息交流，也为商品搜索提供更为精准的定位。如图3-2、图3-3、图3-4所示是不同类目宝贝基本信息填写模板。

类目：女装/女士精品>>连衣裙 切换类目

1. 宝贝基本信息

* 宝贝类型 ◉ 全新 ○ 二手 ⊘

* 宝贝标题 [   ] 0/60

宝贝属性 错误填写宝贝属性，可能会引起宝贝下架或搜索流量减少，影响您的正常销售，请认真准确填写！

连
衣
裙
类
目

货号		腰型	
品牌	可直接输入	衣门襟	
廓形		裙型	
风格		图案	
组合形式		流行元素/工艺	设置
裙长		面料	
款式		成分含量	
袖长		材质	
领型		适用年龄	
袖型		* 年份季节	

宝贝定制 ☐ 支持定制 ⊘

* 电脑端宝贝图片 宝贝主图大小不能超过3MB；700*700 以上图片上传后宝贝详情页自动提供放大镜功能。第五张图发商品白底图可增加手淘首页曝光机会 查看规范

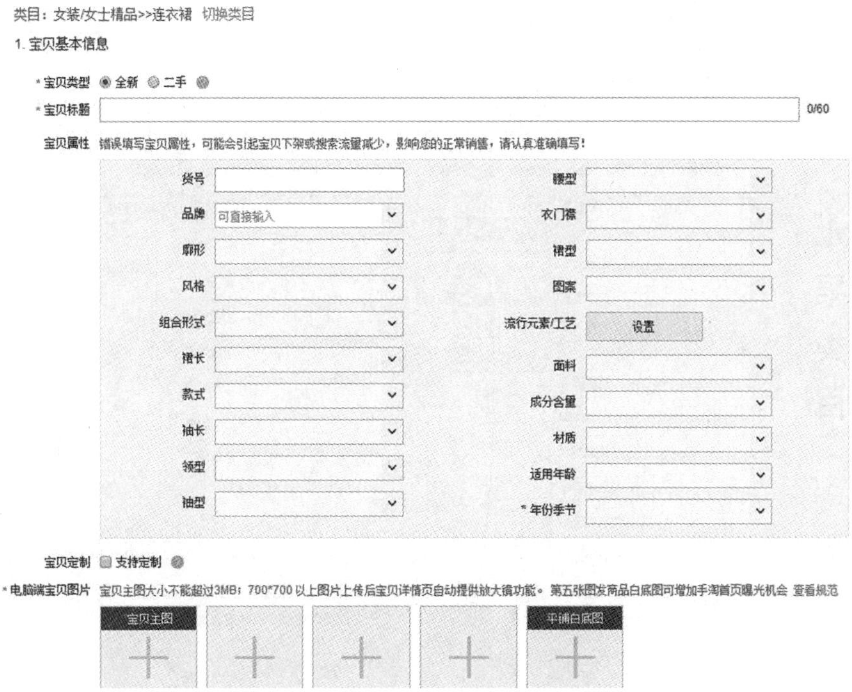

图 3-2 连衣裙类目宝贝属性填写

类目：手机 切换类目

1. 宝贝基本信息

* 宝贝类型 ◉ 全新 ⊘

该类目下，所有淘宝卖家，只能发布全新宝贝

ⓘ 该类目下发布全新宝贝，保证金额度不能少于 50000 元，您的余额是 1000.0 元，立即缴纳

* 宝贝标题 [   ] 0/60

宝贝属性 错误填写宝贝属性，可能会引起宝贝下架或搜索流量减少，影响您的正常销售，请认真准确填写！

手
机
类
目

* 品牌		宝贝成色	
* CPU品牌	可直接输入	* 售后服务	
* 上市时间	年-月	触摸屏类型	
产品名称		键盘类型	
* 屏幕尺寸	数字 英寸	分辨率	
	小数点后最多2位；区间：0.00 - 10.00英寸	手机类型	设置
* 机身厚度	数字 mm	电池类型	
	小数点后最多2位	摄像头类型	
* 版本是否包含中国大陆		视频显示格式	
* 电池容量	数字 mAh	网络模式	
	必须输入整数	核心数	
适用型号		运营商	
铃声类型		购机类型	
* 网络类型	设置	电信设备进网许可证编号	
* 款式			
* 后置摄像头			
操作系统			

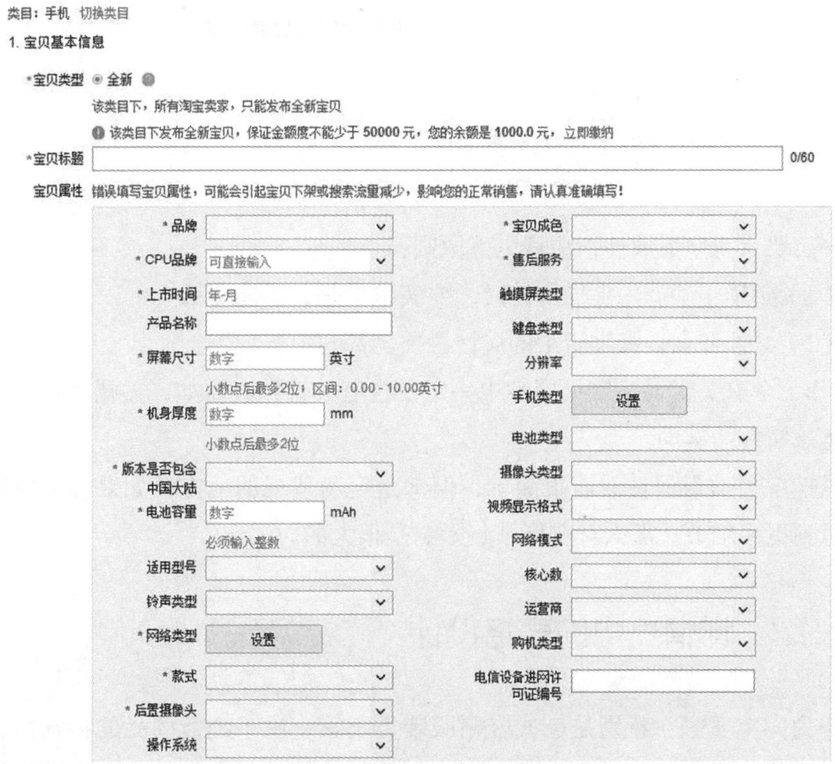

图 3-3 手机类目宝贝属性填写

图3-4　水果类目宝贝属性填写

3.1.2　宝贝属性优化原则

一定要重视宝贝属性，注意以下原则：

（1）必须正确。写宝贝属性时，要实事求是，不能写错。

（2）必须齐全。淘宝所给的属性栏要全部写上。

（3）含有关键词。宝贝属性中一定要含有关键词，比如，短裙女白色、短裙和白色就是该属性关键词。

虽然宝贝类目属性看着很简单，但却是容易忽视的地方，如果宝贝属性关键词优化注意到更多细节，那么对宝贝排名影响是很大的。

3.1.3　详情页中的表格设计

作为淘宝卖家，特别是一些鞋帽服装类卖家，由于经营商品的特殊性，经常要在自家宝贝描述中为宝贝的实际尺寸列出具体的数据，以方便各位买家更好地挑选到适合自己的尺码。在淘宝店铺中进行数据列举，主要有两种形式。

（1）纯文字列举。这是最原始的一种尺码数据列举方式，只需要在编辑宝贝描述时直接用键盘将文字键入，方便易行，如图3-5所示。这种方式也是很多小卖家正在使用的方式。

产品尺寸

UNIQLO尺寸 （商品尺寸）	商品尺寸(cm)			
	后肩衣长	肩宽	身宽	袖长
150/76A(XS)	58	34	38	15.5
155/80A(S)	59.5	35	40.5	16
160/84A(M)	61.5	36	43	16
160/88A(L)	63.5	37.5	46	17
165/92A(XL)	66	39	49	17.5
170/100B(XXL)	68	40	52	18.5
175/108C(3XL)	69.5	41	55	19

图 3-5　纯文字列举式表格

（2）图片列举。先用一些辅助软件制作表格，并在表格中填充数据，然后将这个表格处理成图片，再把这个图片上传到自己的图片空间中，最后在编辑宝贝描述时，直接将这个图片插入就行了。这种形式虽然麻烦一点，但从表现形式上显得很专业，至少在版面上很美观。并且利用这种方式，还可以根据自己的需要，创造性地设计出很精美的表格，从而能更好地美化自己的店铺，如图3-6所示。

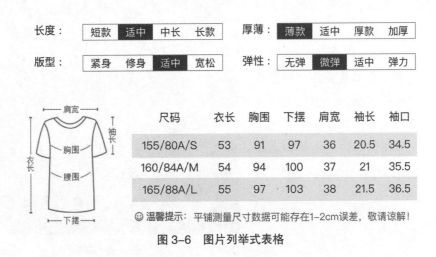

图 3-6　图片列举式表格

3.1.4　模特图的设计

宝贝模特图的重要性往往被卖家们所忽略，其实，如果能够优化宝贝模特图的话，对于提高流量有很大的帮助，这是因为在同样的位置，假设展现量不变，如果点击率从0.25%提升到0.5%的话，那么在精准度相同的情况下流量提升了整整一倍，这也就意味着销售额也会跟着提升。模特图主图跟淘宝直通车图也是有所区别的，宝贝模特图关系到品牌形象和定位，甚至还会影响商品的搜索权重，因此，不可以对其频繁地更换，而直通车的推广图则是可以频繁更换的，但是两者又有一个共同点，即都是能够有效提高点击率的。

模特图尽可能突出主商品，将主商品的比例控制在61.8%，也就是黄金比例分割点。撰写的文案一定要简洁明了，突出重点，将商品置入场景中进行介绍，如图3-7所示。

图3-7　模特图

3.1.5　实物图的设计

实物图是一种造型行为，在设计时要运用不同的造型来表现出商品的软硬、粗细、轻重、薄厚甚至冷热的视觉感受，展示商品的特性和卖点，使消费者直观地看到商品的不同形态，由此去联想在享受商品时可能获得的感受。拿菜刀举例，如果表现耐用性，可以用刀断铁钉来做图，如果要表现锋利，可以用刀切出极薄透明的肉片来展示商品的特点，如图3-8所示。

图3-8　实物图

3.1.6 细节图的设计

细节图用来展示商品的细节部分，表现商品的内在特点。细节图通常用微距镜头拍摄，既可以表现商品的质感和表面纹路，也可以体现商品的内部结构。从设计角度看，细节图的设计通常用组合图片，因为细节图不需要很大尺寸，可以将多张细节图组合成一张大的图片，多方位体现商品的细节，多角度展现商品的特征。

以服装为例，如图3-9所示，细节图通常包含以下内容：

款式细节：如领口、袖口、裙摆、褶皱、袋口、拼接、袋盖等。

做工细节：走线、内衬拷边、里料、接缝等。

面料细节：用微距镜头拍摄面料、颜色、纹路、材质等。

辅料细节：拉链、纽扣、订珠、蕾丝、包扣、商标等。

内部细节：内部构造细节。

图 3-9 细节图

3.1.7　店铺实力与品牌展示

品牌的视觉营销是企业品牌建设过程中最为基础的"落地系统"。视觉是人类获取信息的主要渠道。在互联网日渐发达的今天，消费者的品牌意识越来越强，视觉营销已经从平面视觉形象走向体验式的营销传播方式上。作为美工，要站在消费者的立场思考和解决问题，树立"销售的不是商品而是品牌"这样的理念。

品牌的视觉营销就是品牌的传播过程，品牌传播需要持续渐进，在传播过程中需要保持统一的传播步伐，从品牌的视觉符号到品牌的落地服务，都要体现品牌宣传目标。品牌标识必须能让受众清晰地认知你的品牌形象。无论你做的品牌创意是艺术的，还是抽象的，创意形式都要展露出你的品牌标识，让更多受众记住你的标识才是视觉营销的首要目标。

品牌展示就是将品牌信息引入宝贝描述里，从而论证该宝贝是有别于其他店铺宝贝的事实。品牌介绍可以增加用户对商品品质的认同感。详情页中应该在突出的位置展示商品的品牌，用图片、视频、广告等手段传播品牌价值，提高品牌认知度，如图3-10所示。

图 3-10　店铺实力与品牌展示

3.1.8　物流及售后服务信息

售后服务是一次销售的最后过程，也是再销售的开始。要树立这样一种观念，一个商品售出以后，如果所承诺的服务没有完成，那么可以说这次销售没有完成。一旦售后服务很好地被完成，也就意味着下一次营销的开始。

宝贝详情页要写清楚售后服务过程及内容，具体设计如图3-11所示。

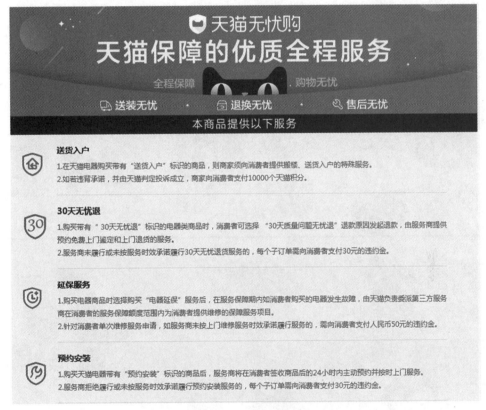

图 3-11　售后信息

3.2　详情页设计案例

以下是不同类目宝贝详情页设计案例。发饰类商品详情页举例如图3-12所示，食品类商品详情页举例如图3-13所示，家居类商品详情页举例如图3-14所示，电子类商品详情页举例如图3-15所示。

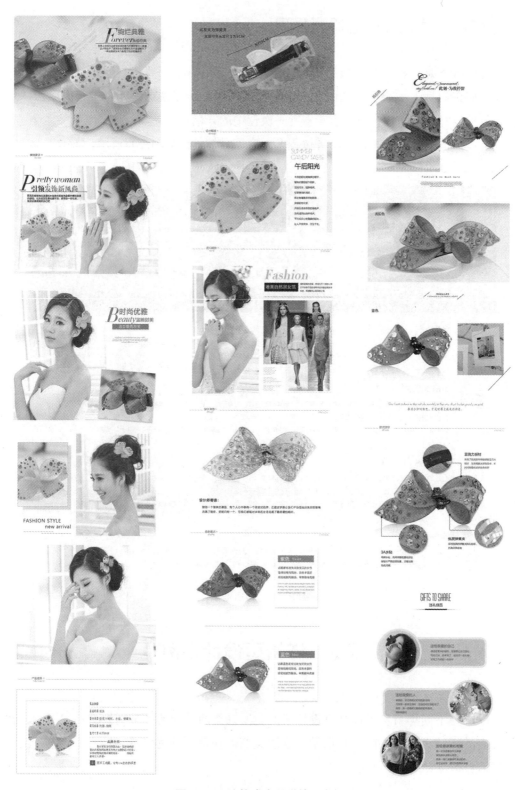

图 3-12　头饰类商品详情页举例

肉質厚實

香气扑鼻，切開后菇肉洁白，干而不碎

青川 木耳

绿色健康
大自然的馈赠

产品信息｜ATTRIBUTE

绿色 天然 健康
LVSE TIANRAN JIANKANG

产品名称：木耳
产品品牌：双鹰
产品产地：湖北 随州
产品重量：500g
保质期：24个月

自然 健康无污染 >>>

INCREASE

提高免疫力

含有多种维生素

木耳含有多种维生素、矿物质，促进人体新陈代谢。我国不少古籍中记载香菇"益气不饥，治风破血和益胃助食"。木耳含有双链核糖核酸，咽诱导产生干扰素，具有抗病毒能力。

营养成分	每100g含	营养成分	每100g含
水分	10.9g	钙	25mg
碳水化合物	65.5g	铁	185mg
灰分	4.6mg	磷	415mg
维生B21	7.8g	脂肪	1.3g

用匠心的態度來對待每一份美味

文案

选择 不再盲目 >>>

个大饱满

每一颗都饱满，菇底呈现淡黄色，外形美观朵大！

图 3-13　食品类商品详情页举例

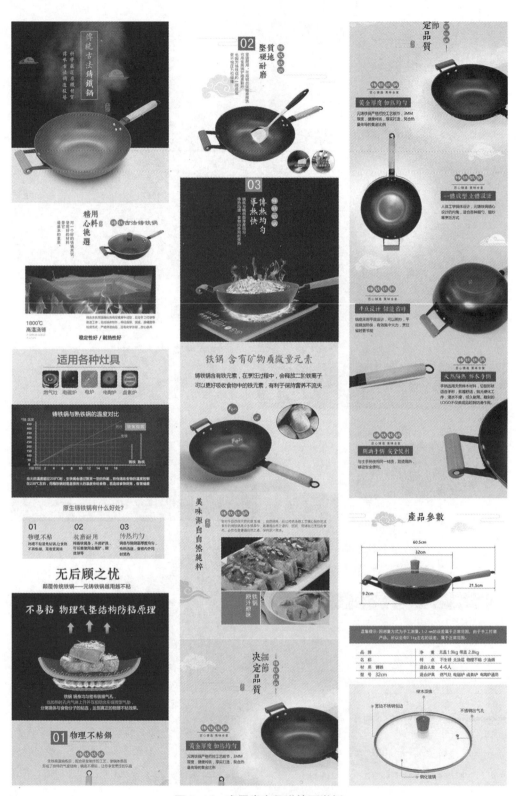

图 3-14　家居类商品详情页举例

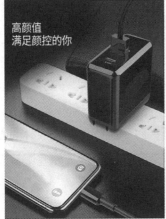

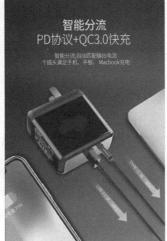

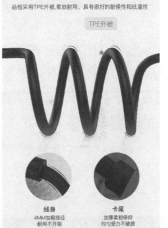

图 3-15 电子类商品详情页举例

3.3　淘宝详情页制作

3.3.1　淘宝详情页设计规范

淘宝详情页设计规范见表3-1。

表 3-1　淘宝详情页设计规范

主题	详情页设计规范
尺寸	图片宽度通常为750像素，高度不限。
保存格式	图片仅支持JPG、GIF、PNG格式。

3.3.2　图片尺寸批量处理

宝贝详情页描述图的宽度是750像素，高度不限。因此在制作之前，可以通过Photoshop软件、光影魔术手、美图秀秀等软件，将已经拍摄好的照片或者制作好的海报根据要求，批量处理成相应的尺寸。下面以Photoshop软件为例演示批量处理图片尺寸的具体操作。

（1）打开Photoshop软件，在"窗口"菜单下找到"动作"，打开"动作"命令，如图3-16所示。

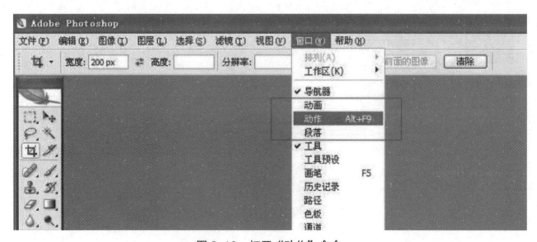

图 3-16　打开"动作"命令

（2）在打开的"动作"面板中单击"新建"按钮，新建一个动作，如图3-17所示。

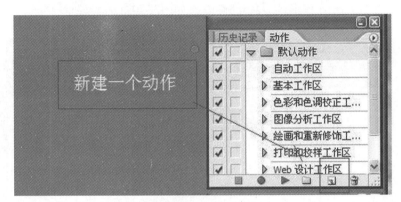

图 3-17 新建动作

（3）点击"记录"，这时动作就已经在记录了，如图3-18所示。

图 3-18 记录动作

（4）在"文件"菜单下单击"打开"命令，找到需要的图片打开，如图3-19所示。

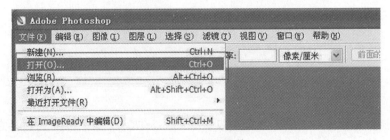

图 3-19 打开图片

（5）选择"图像"菜单下的"图像大小"命令。在弹出的"图像大小"对话框中，将宽度改为750像素（大小根据实际确定），勾选"约束比例"（避免图片变形）。点击"确定"，完成图片大小的修改，如图3-20所示。

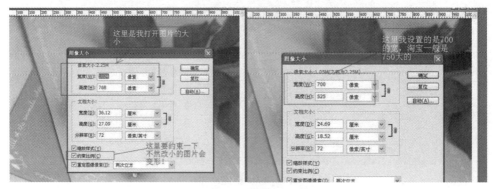

图 3-20　设置图片大小

3.3.3　将本地图片上传到图片空间

"宝贝图片"的上传有三种选择，分别是"本地上传""图片空间"和"视频中心"，如图3-21所示。通常使用前两者，"本地上传"是上传电脑里面的图片到网上。若选择"图片空间"，则点击之后会出现所有图片，这些图片是店铺中已有的图片。

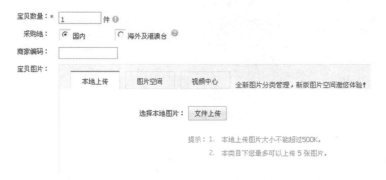

图 3-21　上传图片

3.3.4　发布宝贝

（1）打开卖家中心，点击发布宝贝，如图3-22所示。进入发布窗口，选择类目，直接选择"您最近使用的类目"，如图3-23所示。

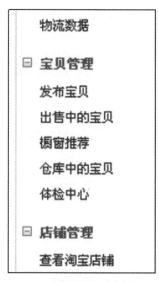

图 3-22　发布宝贝

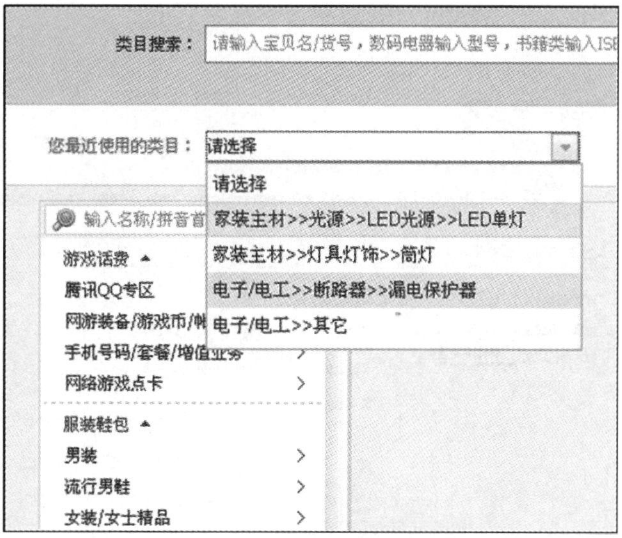

图 3-23　选择类目

（2）选择类目之后，点击"我已阅读以下规则，现在发布宝贝"，如图3-24所示。

图 3-24　现在发布宝贝

（3）填写宝贝基本信息，如图3-25所示。

图 3-25　填写宝贝基本信息

（4）点击蓝色"发布"按钮完成新宝贝的发布。

3.3.5　制作宝贝描述

"宝贝描述"指宝贝的具体介绍，红色区域内添加图片文字，如图3-26所示。

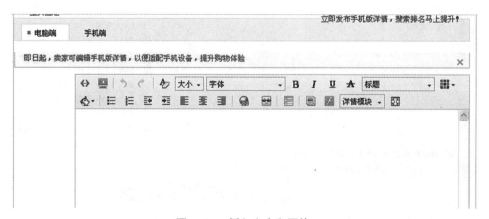

图 3-26　插入文字和图片

文字和图片会按照插入的顺序依次展现，如图3-27所示。

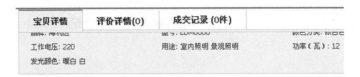

图 3-27　制作宝贝描述

 相关资源

90设计网（http://90sheji.com）和红动中国（http://so.redocn.com）是设计详情页的参考网站，有较多的素材和模板，同学们课后可登录学习和使用。

 课后作业

根据已有店铺风格，从"成功饰品"店铺中选定一种商品，为其设计制作PC端宝贝详情页，并保存为PSD格式上交。

第4章 无线端视觉设计

在如今电子商务不断迭代发展的时代，视觉设计也在不断地发生着变化。随着智能手机的不断普及，无线端视觉设计显得越来越重要。本章将重点学习无线端视觉设计的相关内容。

学习目标

1．了解无线端视觉设计思维与原则；

2．了解手机首页布局方式、设计规范；

3．掌握手机首页设计；

4．了解手机详情页设计原则和规范；

5．掌握手机详情页设计。

引导案例

2008年，阿里巴巴集团正式启动"大淘宝"战略，当年淘宝网交易额达999.6亿元，成为中国最大的综合卖场。最近十多年来，电子商务发展迅猛，群雄并起，一片百花齐放、百家争鸣的景象。随着智能手机的不断普及与更新换代，人们线上购物的习惯发生了翻天覆地的变化。从近些年"双十一"无线端成交量占比中就能看出，移动互联网时代已经到来，电子商务的无线端时代也已到来。

4.1 无线端视觉设计思维与原则

无线端设计不是传统PC端设计在移动购物场景下的简单复制和迁移。目前，很多卖家把PC端详情页一键转到无线端，确实解决了从无到有的问题，但这样的移动端详情页的效果让消费者看起来非常吃力，文字细小、模糊使得网店浏览转化率低。无线端的与众不同在于力求自身"小而美"的同时，寻求用户体验的最优化，在节省消费者数据流量和时间的同时凸显商品的卖点。

4.1.1　无线端设计思维

我们知道，转化率=内容质量×信息送达率，但平时我们大部分精力都花在"内容质量"，忽略了"信息送达率"这个维度。无线端设计追求的目标是让用户能够轻松地、舒服地接收你发送的信息。如图4-1所示是从PC端页面一键转化的天猫华为旗舰店Mate 10 Pro手机无线端详情页面，文字密密麻麻但其表达的内容几乎很少，这就是"信息送达率"不高的表现。

图 4-1　天猫华为旗舰店

由上可见，PC端思维和无线端思维是有所区别的。我们在给无线端做设计时需要关注以下两点：

一是无线端屏幕的像素密度是PC屏的3～4倍，所以当设计师在电脑上觉得刚刚好的时候，其实在无线端就一定小了。

二是手机屏是竖屏。由于人的视野是横的长方形，所以人类发明的大部分屏幕都是横着的。无线端的代表智能手机屏是人类第一次大规模面对竖屏。移动互联网时代，用户从早上起床开始到晚上入睡前，大部分时间都是用竖屏在获取信息。PC屏上一满屏的老虎如图4-2左图所示，进入手机屏后，只占手机屏的1/3，如图4-2右图所示，完全无法体现老虎的威猛。所以，不懂竖屏，你的展示舞台就被切掉了2/3。

图 4-2　PC 端与无线端展现图像面积的区别

手机上应该采用和手机屏幕形状类似的竖方形图片，才可以用整个手机屏幕来表达信息，从而最大程度地保持老虎的视觉冲击力，如图4-3所示。

4.1.2　无线端设计原则

绝大多数新手卖家，没充分认识和考虑到手机屏、无线端用户的特点，仍延用PC思维、方法和视角去设计制作无线端图片，造成无线端用户对你的商品视而不见，内容再漂亮也没有用。所以我们应该针对无线端单独做图，生产"无线端原生内容"，在设计制作时应遵循如图4-4所示四个原则。

要让自己的店铺在无线端脱颖而出，除了要了解以上两点外，还需要了解无线端用户的习惯和特点。

图 4-3　无线端竖屏展示图片

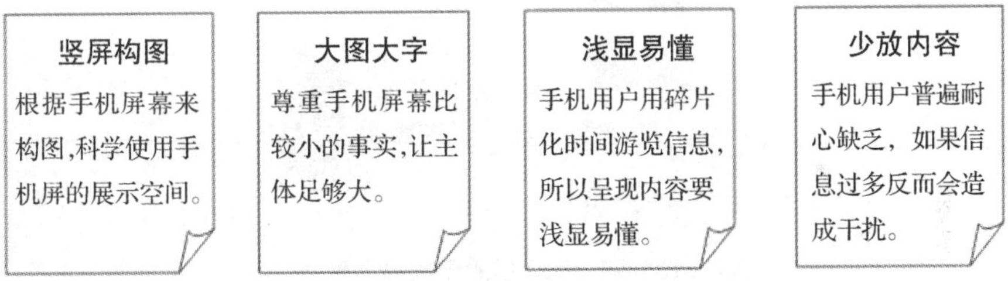

竖屏构图	大图大字	浅显易懂	少放内容
根据手机屏幕来构图,科学使用手机屏的展示空间。	尊重手机屏幕比较小的事实,让主体足够大。	手机用户用碎片化时间浏览信息,所以呈现内容要浅显易懂。	手机用户普遍耐心缺乏,如果信息过多反而会造成干扰。

图 4-4　无线端图片设计四大原则

　　随着工作、生活节奏的不断加快,大多数手机用户的网购时间、地点、耐心都是碎片化的,他们可能在上下班挤地铁的时候,或者在茶余饭后休息的时候,抑或是在睡前躺床上小憩的时候浏览各种商品店铺页面。所以,基本上很少会有人花太多的时间仔细端详同一个页面,他们都是走马观花式地读信息,基本每屏只看2～3秒钟,处于信息过载的状态下做出下意识的决定。所以基于这些用户特点,要求页面信息传达更加快速、精准、简单。

　　传统平面设计作品,设计师会耗费很多精力和时间在凸显设计感上。但手机屏是个小尺寸舞台,手机用户几乎不会非常认真地看完整图片。因此,无线端设计师的第一要务,应该是让用户快速准确地看到你想表达的内容,而不是你的设计。很多设计师都会在PC端设计中强调视觉美感,为了营造设计美感,而弱化了信息传达。在无线端就要转变思路了,从某种角度来说,无线端的设计感显得不再那么重要,设计师应该更加聚焦于页面内容,如图4-5所示。

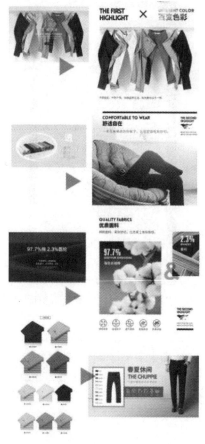

图 4-5　优化后的无线端页面

4.2　手机首页设计

4.2.1　手机首页布局方式

　　数据显示，无论是首页停留时长还是店铺的访问深度，进行过手机端装修的店铺都要远高于未做过修饰的"默认店铺"。况且，消费者在手机端的购买路径以及购物体验都迥异于PC端。在移动互联网时代，千篇一律着实难以脱颖而出。那么如何摒弃"3海报1店招+1键转化"式的简单装修？如何让自己的店铺在无线端脱颖而出呢？我们先从首页布局入手。

　　手机端店铺首页布局与PC端一样，也需要根据不同的商品和类目，设置不同的布局。这里主要介绍四种布局方式，见表4-1。

表 4-1　手机端店铺首页布局方式

经典气质版首页布局	璀璨年华版首页布局
3张轮播焦点图，加上充满活动气氛的优惠券，再配上强大的分区模块，无疑是手机首页布局的不二选择。	从层层叠变的焦点图转化为嫣然绽放的平铺样式，整个店铺仿佛都经历了一次蜕变，在优惠券、分区模块的衬托下，映出属于自己的璀璨年华。

随心定制版首页布局	浑然天成版首页布局
在2张轮播焦点图下没有追随标准的排版样式，利用"自定义模块"搭建的大图展现形式的点击数，会是"双列宝贝"等模块的1.8倍，给宝贝最大的展示空间。	一个浑然天成的页面感观对搜索引擎优化（SEO）来说非常重要，清晰醒目的优惠券罗列，让用户随手点击即刻领取。关联产品横向平铺可以直观地满足用户需求。此类布局有非常好的阅读体验，大力推荐。

4.2.2　手机首页设计规范

了解了手机首页布局方式及要点，我们需要熟悉平台对手机首页的设计规范，因为不符合要求的将受到相应的处罚。在淘宝平台中手机首页设计规范见表4-2。

表4-2　手机首页设计规范

主题	手机首页设计规范
尺寸	文件大小80KB以内，建议尺寸80像素×80像素； 一般全屏模块的尺寸宽度为750像素，高度视具体情况而定； 自定义模块的图片宽度为640像素，高度视具体情况而定。
格式	上传的图片文件格式要求为GIF、JPG、JPEG、PNG。
设置步骤	登录"我的淘宝"→"卖家中心"→"店铺管理"→"手机淘宝店铺"→"无线店铺"→"立即装修"进入无线运营中心。

4.2.3　手机首页设计实训

任务描述："成功饰品"淘宝店铺想在无线端也开设店铺，请为店铺设计手机首页。

要求：利用经典气质版首页布局方式设计清新风的手机首页。

设计步骤示例如下：

（1）打开Photoshop软件，新建尺寸为640像素×2000像素的画布，将背景素材置入文档中，并利用自由变换工具调整好素材的大小和位置，如图4-6所示。

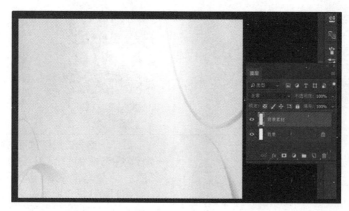

图4-6　设置背景

（2）制作首屏海报焦点图，置入坠戒、对戒、花等素材，并利用自由变换工具调整好大小和位置，如图4-7所示。注意：相关素材需提前抠好图。

图 4-7　置入相关素材

（3）在对戒左侧输入相关文字，并选择合适的字体，调整好大小和版式。其中"Wedding"文字加上渐变叠加图层样式，增加文字质感，如图4-8所示。

图 4-8　设置文字相关效果

（4）在文字下方绘制购买按钮。先绘制一个黑色矩形，并在矩形上方添加文字"SHOP NOW"和箭头，如图4-9所示，完成焦点图设计。

（5）绘制优惠券板块，先绘制一个颜色为R177 G205 B209的矩形，并用自由变换工具的变形功能，将矩形上边调整成波浪状，如图4-10所示。

图 4-9　设置按钮效果

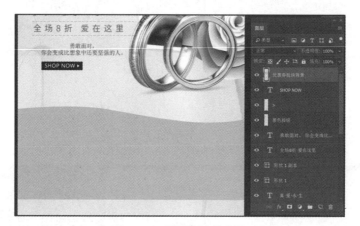

图 4-10　设置波浪状背景

（6）置入优惠券素材，并输入优惠券相关文字信息。重复操作，制作三个优惠券，如图4-11所示。

图 4-11　设置优惠券

（7）绘制分类导航链接。首先绘制一个白色矩形作为分类导航的背景，并在矩形上再绘制一个渐变图层，在矩形下方使用半透明黑色画笔绘制阴影，然后在分类导航链接上置入戒指图标和文字信息，重复制作其他几个分类导航，如图4-12所示。

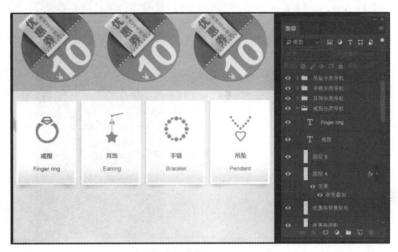

图 4-12　设置分类导航链接

（8）制作经典款式标题。置入箭头素材，并分别输入"经典款式"等相关文字。调整好大小和版式，如图4-13所示。

图 4-13　制作经典款式标题

（9）制作商品陈列模块。首先制作商品陈列橱窗样式，通过不同的形状组合，制作橱窗样式。输入价格、商品名称等信息，并置入商品图，通过剪贴蒙版的形式在橱窗中展现。复制陈列图层组并修改信息制作剩余三个陈列模块，如图4-14所示。

图 4-14　制作橱窗展示模块

4.3　手机详情页设计

4.3.1　手机详情页设计原则

手机详情页设计要遵循以下三个基本原则：

（1）纵向构图。最好从策划、摄影就开始纵向构图，而不仅仅只体现在PS设计过程中。如图4-15所示钱包的展示面积由1/6屏增加到4/6屏，更充分地、轻松地展示了商品的款式、特点和功能。

（2）砍掉左右留白。在PC端屏幕左右留白看着和谐，但手机端会显得太小。如图4-16所示，砍掉左右留白之后，图中模特的展示面积由1/9屏提高到7/9屏，突显模特张力，商品细节也得到很直观的展现。

（3）一屏仅一个主题。如图4-17左图所示，图文并茂，错落有致，设计优美，但对手机用户而言属于信息过载了。用户其实只接收到了"你在讲眼镜的三个卖点"，但是不会接收到"你眼镜的每个卖点是什么"。改为一屏一主题之后，用户在1秒钟之内就轻松看懂一个卖点和细节，从而能更好地激发购买欲望。

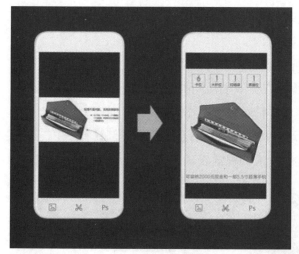

图 4-15　纵向构图

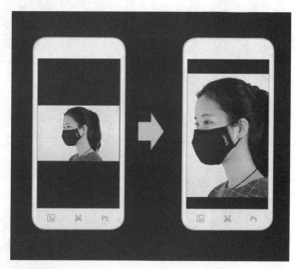

图 4-16　砍掉左右留白

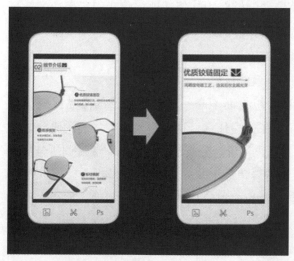

图 4-17　一屏一主题

4.3.2 手机详情页案例分析

如今各大电商类目同质化严重，行业内卖点雷同，商品描述相互抄袭，在此情况下，如何设计具有自身品牌差异化优势，在无线端从同类商品中脱颖而出的商品详情页呢？下面我们以设计一个一次性口罩的详情页为例来介绍。

（1）先看整体效果，如图4-18所示。从图中可以看出，这个案例具有以下三个优点：极佳的阅读体验；易懂的文案描述；优秀的视觉表达。

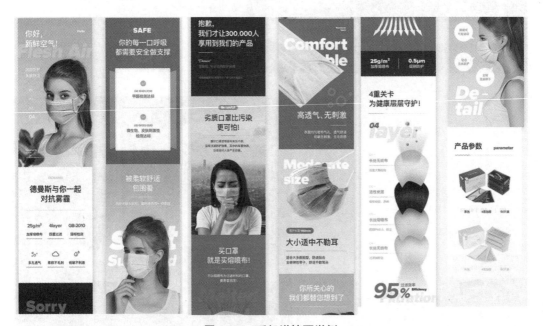

图4-18　手机详情页举例

那么什么是优秀的阅读体验呢？消费者能够轻松、舒适地接收我们所表达的信息就是优秀的阅读体验。如图4-19所示的商品详情页还停留在传统的PC思维阶段，像这样文字密密麻麻的详情页，在正常距离下文字信息都几乎看不清，这就意味着信息送达率很低，内容再好也无法使浏览转化为有效的订单。

易懂的文案描述，体现在想消费者所想，而不是一味夸赞自己的商品或贬低同行。做设计之前，最好想清楚消费者究竟在关注什么，这就需要做大量的调研分析，调研该类目商品TOP商家、统计消费者的用户评价、分析消费行为等。通过调研分析，可以发现消费者最关注的问题，然后从消费者角度出发，建立描述逻辑。

文案描述以消费者能够轻松接收到信息为前提。从消费者角度出发，减少专业术语描述，删除不必要的描述。如图4-20所示，优化前略显啰唆的一段文案被精简成一句浅显易懂的口号，摒除了一些不必要的解释文案，让消费者一眼就能看到自己商品的材质特点。一些冷冰冰的文字修改成有人文情怀的温馨提示，让消费者感知到被关怀，大大提高了品牌的好感度。

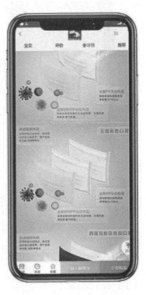

图 4-19　不好的阅读体验

图 4-20　极佳的阅读体验

优秀的视觉表达体现在以表达商品卖点为主，不刻意渲染设计氛围。电商视觉营销的核心是卖商品，精致简约，以表达商品为主，努力营造舒适的阅读气氛，如图4-21所示。

背景与字体效果　　　　围绕产品
抢占视觉　　　　　　　展开设计

图 4-21　优秀的视觉表达

4.3.3　手机详情页设计规范

了解了手机详情页的设计方向、原则，对比分析了案例，我们在设计制作手机详情页时还要遵循平台相关规范。淘宝手机详情页设计规范见表4-3。

表 4-3　手机详情页设计规范

主题	手机详情页设计规范
尺寸	手机详情页宽度要求为480～1242像素，考虑到PC端详情页同步使用，建议宽度采用790像素； 高度不限，但详情页总体大小不能超过10240KB；纯文本形式的字数不能超过5000字。
格式	GIF、JPG和PNG格式。
步骤	登录"我的淘宝"→"卖家中心"→"宝贝管理"→"发布宝贝"，在宝贝发布页面中，找到"电脑端描述"和"手机端描述"。可将设计好的详情页上传至"电脑端描述"中，再通过"手机端描述"的"导入电脑端描述"功能，一键导入详情页。

4.3.4　手机详情页设计实训

任务描述：公司新进一批保温壶，请为保温壶设计手机详情页。

要求：遵循手机详情页设计原则，设计简约大方、用户体验好的手机详情页。

设计步骤示例如下：

（1）打开Photoshop软件，新建尺寸为790像素×10000像素的画布（关于高度，到最后可根据实际需要再进行增加或者减少），置入海报背景、保温壶、杯子素材，如图4-22所示。注意：相关商品图需提前抠好。

图 4-22　置入素材

（2）输入文字，并调整好字体、字号、颜色等，加上横线点缀，如图4-23所示。

图 4-23　置入文字并排版

（3）制作商品属性栏。在海报下方制作一个颜色为R236 G171 B106的矩形，作为属性栏的背景。然后在属性栏上分别制作分界线、图标、文字，如图4-24所示。

图 4-24　商品属性栏

（4）制作第二屏商品属性海报。先绘制一个竖屏的白底矩形，作为第二屏海报的背景。然后置入水壶素材。在水壶图层下方新建一个图层，用灰色画笔压暗四周，如图4-25所示。

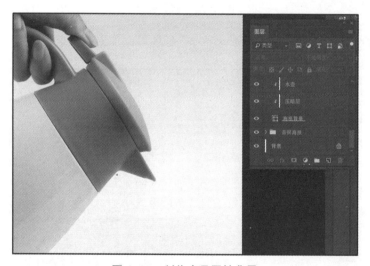

图 4-25　制作商品属性背景

（5）置入水杯素材，并制作水杯倒影和阴影，如图4-26所示。

（6）置入水珠素材，使用自由变换工具调整形状和位置。输入相关文字信息，调整字体、字号、颜色、版面，如图4-27所示。

（7）制作保温属性页。先制作一个黑色矩形，作为保温属性页的视窗，然后置入开水素材，并设置成黑色矩形的剪贴蒙版，如图4-28所示。

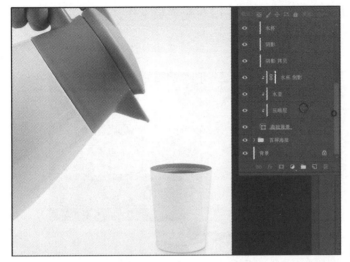

图 4-26　置入水与杯子素材

图 4-27　设置文字效果

图 4-28　保温属性背景页

（8）制作一个颜色为R248 G53 B0的矩形并用渐变蒙版制作，进行文字效果设置，如图4-29所示。

图4-29　保温属性页制作

（9）用同样方法制作保冷属性页，并进行文字效果设置，如图4-30所示。

图4-30　保冷属性页制作

（10）制作细节展示模块的分隔栏。制作一个黑色矩形，作为分隔栏的视窗。置入背景素材，并设置成为剪贴蒙版，输入分隔栏相关文字信息，如图4-31所示。

图4-31　制作细节展示模块的分隔栏

（11）置入背景素材和水壶素材，并设置为剪贴蒙版，制作弧度图形，并添加渐变叠加和外发光图层样式，如图4-32所示。

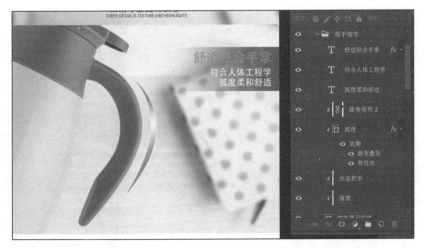

图 4-32　流线制作

（12）采用类似方法，制作其他几个细节展示图，如图4-33、图4-34、图4-35所示。

图 4-33　按压细节图

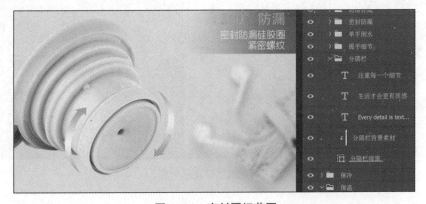

图 4-34　密封圈细节图

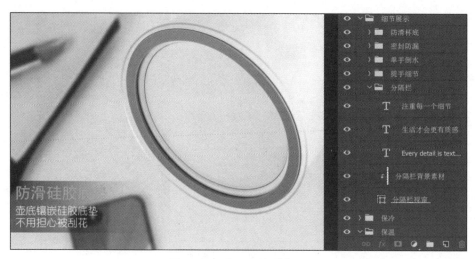

图 4-35　防滑底垫细节图

（13）使用Ctrl+R打开标尺，并在上方标尺上按住鼠标左键往下拖拽的方式建立多条参考线，如图4-36所示，选择切片工具，并使用"基于参考线的切片"功能，将详情页切片，如图4-37所示。

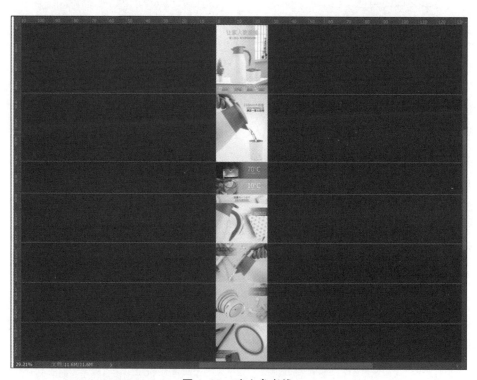

图 4-36　建立参考线

图 4-37 使用切片工具

（13）选择"文件"→"导出"→"存储为Web所用格式"，选中所有切片，选择保存格式为.jpg，并调整品质，在弹出的存储对话框中修改文件名，选择"仅限图像"，保存，如图4-38所示。此时，会在保存目录中自动创建一个名为"images"的文件夹，文件夹中保存了所有的手机详情页切片图片，如图4-39所示。

图 4-38 存储格式及文件命名

图 4-39 切片文件夹

（14）将所有切片上传至图片空间。在发布宝贝时，在PC端详情页和手机端详情页模块中，按顺序选择切片导入即可。

 相关资源

手机详情页设计小技巧

手机详情页中体现核心关键词对引流至关重要，以前只要一个款卖爆了，很多关键词都会排名靠前，都能引入流量，但现在只有个别关键词会排名靠前，所以在上新前就要筛选出有效关键词，并且重点描述。

为了让消费者更快打开详情页，看完详情页内容，单个详情页大小尽量不超过12MB，长度尽量控制在12000像素内。过长的详情页不但影响页面加载速度，而且会增加消费者焦虑感。

在设计手机详情页时，字号应在18号以上，并且要保持字体清晰。18号字以下对小屏手机很不友好，看起来很费劲，不利于浏览转化。

 课后作业

参考以上实训案例，为"成功饰品"淘宝店铺手机端制作一张如图4-40所示头绳系列的手机详情页图片。

图4-40

第5章　创意管理

创新要有一定的灵感，这灵感不是天生的，而是来自长期的积累与全身心的投入，没有积累就不会有创新。

学习目标

1. 了解创意的形成；
2. 了解草图和情绪板的概念；
3. 掌握情绪板的基本运用。

引导案例

成功饰品公司商品类目越来越丰富，不同的类目需要不同的设计，因此在开始设计之前，王同学需要收集一些想法与灵感，简化设计的流程，节约时间和劳力。他找到一个工具，那就是通过制作情绪板，得到大致的概念供客户参考，从而避免与客户沟通过程中的不准确描述。

5.1　创意的形成

设计师之所以为设计师，在于他能够不断地产生创意，这些创意来源于哪里？为什么只有设计师能产生这些创意？创意需要灵感，灵感从哪里来？

灵感的来源过程，第一，要有一个目标导向，天马行空地乱想肯定不会有灵感。要先设定目标，然后进行信息的注入和学习，对背景资料进行研究，这个时候做的是加法，要做到信息丰富，穷及所有的素材。第二，做信息筛选，称为发现关键问题，在所有的问题中找到最关键的问题，找到最有用的素材，找到能最打动人心的卖点。第三，把找到的这些点与客户的内在驱动力进行结合，形成消费者能够接受的语言和解码体系。设计灵感不是偶发现象，我们可能听说过在梦中想到了好的广告语，在梦中发现了未知元素，其实这都源于大量信息的积累，设计师要做充分的前期工作才能获得好的灵感进而开始设计。

创意需要经历三个阶段的发散和聚合，构思阶段主要集中在对内容的想象上，是一个寻找问题的过程。提炼阶段是关于形式感的把握阶段，用色、风格等的选择是这个阶段主要考虑的内容。实施阶段要考虑的是具体的构图、字体、图片合成等方面的问题。三个阶段是一个会不断涌出新的想法，又不断进行筛选的过程。严格来说，创意管理就是由激发方法和筛选标准组成的。

5.2　草图与情绪板

在构思阶段，主要用到的工具是草图。我们先来看看大画家达·芬奇的手稿，如图5-1所示。正如我们所知道的，达·芬奇不仅是文艺复兴时期的大画家，还是工程师、科学家，他一生之中绘制过数千张手稿，包罗万象。我们在阅读他的手稿的过程中，可以看到大师当时是怎样构思的，这些手稿像纪录片一样记录着他的思想，同时我们也可以体会到，这些草图反过来又提升了他的思想，借助图像激发了头脑中新的想法，以及把模糊的想法不断真实化和确定化。

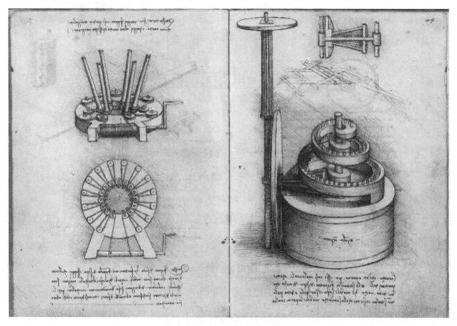

图5-1　达·芬奇的手稿

草图的迅捷性、及时性让绘制草图几乎不用考虑成本问题，这让草图在几乎没有任何限制的情况下就能进行，具备一支笔、一张纸就能开始，画错了随时可以丢弃。草图忽略了很多细节，具有不确定性，这种不确定性反而能激发更多的思想。设计师在构思阶段最好不要在计算机上进行，我们可以查阅资料和参考图像，但是构思的思维过程以手绘开始会更有效率。随着草图的不断尝试和深化，设计的想法变得越来越饱满，方向感也会越来越强，从草图过渡到效果示意图，最终形成定稿。

如果说草图是构思阶段的重要工具，那么情绪板就是提炼阶段的重要工具。在传统意义上，情绪板是指对要设计的商品及相关主题方向的色彩、图片、影像或其他材料的收集，从而引起某些情绪反应，以此作为设计方向或者是形式的参考。情绪板帮助设计师明确视觉设计需求，用于提取配色方案、视觉风格、质感材质等，为设计师提供灵感。

很多设计师将情绪板视作创作的重要组成部分，原因主要为下面7个方面：

（1）节省时间和精力。情绪板通常无须太多时间就能完成，只需在几个小时内就能够快速构建出来。设计师可以以此为基础为用户提供一个快速可用的视觉指南。情绪板可以轻松编辑，并不费力。设计师可以在此基础上快速跳转到下一个阶段，进行原型设计。此外，如果客户对于概念设计并不满意，设计人员也不用耗费太多的时间制作详细的演示文稿，快速调整设计方向即可。

（2）获取灵感。当然，设计师不能总依靠灵感来做设计，毕竟设计更多的是需要思考来完成的。但是如果设计师真能获得启发，设计则可以更为有效地完成。情绪板的作用，是将想法和情绪都汇集到一起，帮设计师催生出商品应有的感觉。有的时候，在亲自动手的过程中，能够让设计更好地被理解，也更为容易找到合理的想法，为什么不试试呢？

（3）找到正确的配色方案。以拼贴为主的情绪板常常是由引人注目的作品所构成的，其中所包含的图片、照片和插画常常包含着不错的配色方案，即使用户界面（UI）尚未搭建起来，配色方案也总能从中找到一些不错的搭配。

（4）加强和客户的沟通。当商品尚且处于早期抽象概念阶段时，设计师和客户在讨论的时候很难完全互相理解，在没有实际可讨论的设计稿的情况下，在风格、细节上往往很难达成一致。而这个时候，情绪板的作用就显得很突出了，它往往能够让沟通和讨论有一个实在的落脚点。

（5）少说，多展示。正如我们常说的"一图胜千言"，任何长时间的报告都不如视觉化的方式来呈现你的计划和想法更有效。词汇很难直观地在客户眼中转化成图片，这时视觉素材就成了可靠的指南。在项目早期，信息丰富且集中的情绪板是描绘未来商品形态的有效工具。

（6）找到确定的设计风格。如果创意团队没有从客户那里收到明确的设计风格的要求，那么这个任务就要落在设计师的肩膀上了。想要确定大体风格，没有必要构建一个详细的、完整的原型。将不同的纹理、细节、字体和配色添加到情绪板上，快速构建风格化的特征，可以迅速地确定设计风格。

（7）让客户参与到这个过程中。获得客户信任的方法之一，就是让他们尽可能地参与到项目当中。在这个阶段，如果他们愿意，可以积极地参与到样式的选取和样品的选择上。情绪板的好处在于，无论是不是设计师，都能够简单快速地参与进来。不论是拼贴式的情绪板，还是参考已有的情绪板，都不难制作，最关键的是，设计师可以在这个过程中很好地了解客户的品味和喜好，并且了解他们对于项目的期望。

5.3 情绪板的实施

情绪板没有固定的模式，在形式上既可以是视觉影像的集合，也可以是声音、气味、触感材质的集合，还可以是概括的一幅图像，或者是直观具象的图像元素。那么情绪板在项目实施中可以用于策略、比较和视觉输出三个阶段。以下分别通过实例加以说明。

（1）策略阶段，往往需要对抽象的概念或关键词加以诠释。如图5-2所示，是对某品牌关键词的提炼，分别是简洁、时尚、舒服。三个情绪板对三个抽象的关键词做了具象化的诠释，并通过小标题的标注进一步辅助说明，找出表达该关键词意义的图像。

（2）比较是对行业品类和竞争对手的了解与梳理，通过创建情绪板来收集和比较同品类行业的信息，从而获得在具体视觉沟通时的方向指导。图5-3是对一些时尚品牌在视觉设计方面的比较。

（3）情绪板用于视觉输出阶段时，不仅要能从中提炼出视觉元素发展为整套体系，还需要能够讲述一个相对完整的故事。情绪板传递出的信息可以将执行团队成员和客户带入同一个页面，并打造出一个立体的情绪环境，由此可以较顺利地实现从抽象概念到具象视觉化的转变，如图5-4所示。

图 5-2　通过关键词提炼图像

图 5-3　时尚品牌的 Logo 对比

简洁
succinct

色彩：

材质：

时尚
fashion

色彩：

材质：

舒服
comfortable

色彩：

材质：

图 5-4　立体情绪板环境

 课后作业

小米作为一家科技公司，正在逐步建立其生态链阵容，通过对小米生态链商品的图片收集（图5-5），制作情绪板，从中提炼小米生态链商品的配色方案，并对其设计风格做一个总结。

图 5-5　小米的商品情绪版练习

图书在版编目（CIP）数据

　　网店美工实务 / 朱海燕, 曹前主编. — 杭州：浙江
大学出版社，2021.1
　　ISBN 978-7-308-20718-8

　　Ⅰ.①网… Ⅱ.①朱… ②曹… Ⅲ.①网店－设计 Ⅳ.
①F713.361.2

　　中国版本图书馆CIP数据核字（2020）第206950号

网店美工实务

主编　朱海燕　曹　前

策　　划	阮海潮（1020497465@qq.com）
责任编辑	阮海潮
责任校对	王元新
封面设计	杭州林智广告有限公司
出版发行	浙江大学出版社
	（杭州市天目山路148号　邮政编码310007）
	（网址：http://www.zjupress.com）
排　　版	浙江时代出版服务有限公司
印　　刷	杭州钱江彩色印务有限公司
开　　本	787mm×1092mm　1/16
印　　张	7.25
字　　数	146千
版 印 次	2021年1月第1版　2021年1月第1次印刷
书　　号	ISBN 978-7-308-20718-8
定　　价	29.00元